O uso da calculadora nos anos iniciais do ensino fundamental

COLEÇÃO TENDÊNCIAS EM EDUCAÇÃO MATEMÁTICA

O uso da calculadora nos anos iniciais do ensino fundamental

Ana Coelho Vieira Selva
Rute Elizabete S. Rosa Borba

autêntica

Copyright © 2010 Ana Coelho Vieira Selva e Rute Elizabete S. Rosa Borba

COORDENADOR DA COLEÇÃO TENDÊNCIAS EM EDUCAÇÃO MATEMÁTICA
Marcelo de Carvalho Borba – gpimem@rc.unesp.br

CONSELHO EDITORIAL
Airton Carrião/Coltec-UFMG; Arthur Powell/Rutgers University; Marcelo Borba/ UNESP; Ubiratan D'Ambrosio/UNIBAN/USP/UNESP; Maria da Conceição Fonseca/ UFMG.

PROJETO GRÁFICO DE CAPA
Diogo Droschi

EDITORAÇÃO ELETRÔNICA
Idea info Design

REVISÃO
Rodrigo Mansur

Revisado conforme o Novo Acordo Ortográfico.

Todos os direitos reservados pela Autêntica Editora. Nenhuma parte desta publicação poderá ser reproduzida, seja por meios mecânicos, eletrônicos, seja via cópia xerográfica, sem a autorização prévia da Editora.

AUTÊNTICA EDITORA LTDA.
Rua Aimorés, 981, 8º andar. Funcionários
30140-071. Belo Horizonte. MG
Tel: (55 31) 3222 68 19
TELEVENDAS: 0800 283 13 22
www.autenticaeditora.com.br

Dados Internacionais de Catalogação na Publicação (CIP)
(Câmara Brasileira do Livro, SP, Brasil)

Selva, Ana Coelho Vieira
    O uso da calculadora nos anos iniciais do ensino fundamental / Ana Coelho Vieira Selva, Rute Elizabete de Souza Borba. -- Belo Horizonte : Autêntica Editora, 2010. -- (Tendências em Educação Matemática, 21)

    Bibliografia.
    ISBN 978-85-7526-476-8

    1. Ensino fundamental 2. Máquinas de calcular na educação 3. Matemática - Estudo e ensino 4. Matemática - Formação de professores 5. Sala de aula - Direção 6. Tecnologia educacional I. Borba, Rute Elizabete de Souza. II. Título. III. Série.

10-05813		CDD-510.7

Índices para catálogo sistemático:
1. Calculadora nas salas de aula do ensino
fundamental : Matemática : Estudo e ensino 510.7

Nota do coordenador

Embora a produção na área de Educação Matemática tenha crescido substancialmente nos últimos anos, ainda é presente a sensação de que há falta de textos voltados para professores e pesquisadores em fase inicial. Esta coleção surge em 2001 buscando preencher esse vácuo, sentido por diversos matemáticos e educadores matemáticos. Bibliotecas de cursos de licenciatura, que dispunham de títulos em Matemática, não ofereciam publicações em Educação Matemática ou textos de Matemática voltados para o professor.

Em cursos de especialização, de mestrado e de doutorado com ênfase em Educação Matemática, ainda há falta de material que apresente, de forma sucinta, as diversas tendências que se consolidam nesse campo de pesquisa. A coleção "Tendências em Educação Matemática" é voltada para futuros professores e para profissionais da área, que buscam, de diversas formas, refletir a respeito desse movimento denominado Educação Matemática, o qual está embasado no princípio de que todos podem produzir Matemática, nas suas diferentes expressões. A coleção busca também apresentar tópicos em Matemática que tenham apresentado desenvolvimentos substanciais nas últimas décadas e que se possam transformar em novas tendências curriculares dos ensinos fundamental, médio e universitário.

Esta coleção é escrita por pesquisadores em Educação Matemática, ou em dada área da Matemática, com larga experiência docente, que pretendem estreitar as interações entre a Universidade, que produz pesquisa e os diversos cenários em que se realiza a Educação. Em alguns livros, professores se tornaram também autores! Cada livro indica uma extensa bibliografia na qual o leitor poderá buscar um aprofundamento em certa Tendência em Educação Matemática.

Neste livro, Ana Selva e Rute Borba abordam o uso da calculadora em sala de aula, desmistificando preconceitos e demonstrando a grande contribuição desta ferramenta para o processo de aprendizagem da Matemática. As autoras apresentam pesquisas, analisam propostas de uso da calculadora em livros didáticos e descrevem experiências inovadoras em sala de aula em que a calculadora possibilitou avanços nos conhecimentos matemáticos dos estudantes dos anos iniciais do Ensino Fundamental. Trazem também diversas sugestões de uso da calculadora na sala de aula que podem contribuir para um novo olhar por parte dos professores para o uso desta ferramenta no cotidiano da escola.

Marcelo de Carvalho Borba*

---

* Coordenador da Coleção "Tendências em Educação Matemática", é Licenciado em Matemática pela UFRJ, Mestre em Educação Matemática pela UNESP, Rio Claro/SP, e doutor nessa mesma área pela Cornell University, Estados Unidos. Atualmente, é professor do Programa de Pós-Graduação em Educação Matemática da UNESP, Rio Claro/SP. Por curtos intervalos de tempo, já fez estágios de pós-doutoramento ou foi professor visitante nos Estados Unidos, Dinamarca, Canadá e Nova Zelândia. Em 2005 se tornou livre docente em Educação Matemática. É também autor de diversos artigos e livros no Brasil e no exterior e participa de diversas comissões em nível nacional e internacional.

Sumário

CAPÍTULO I

Introdução ...9

CAPÍTULO II

O que pensam professores
sobre o uso da calculadora ... 15

CAPÍTULO III

O que as pesquisas mostram sobre o uso da
calculadora em sala de aula ... 45

CAPÍTULO IV

Usando a calculadora em sala de aula ... 53

CAPÍTULO V

Como os livros didáticos têm tratado
o uso da calculadora ... 69

CAPÍTULO VI

Outras atividades com a calculadora................................ 95

CAPÍTULO VII

Finalizando o livro e começando um
trabalho diferente em sala de aula................................ 109

Referências 115

Capítulo I

Introdução

A calculadora na sala de aula
dos anos iniciais: os atores envolvidos na questão

Em estudos educacionais, em particular os que se referem à Educação Matemática, tem-se debatido a adequação do uso de ferramentas tecnológicas contemporâneas – tais como computadores e calculadoras – no ensino em sala de aula. Um debate, em particular, refere-se às contribuições que estes recursos podem trazer para o desenvolvimento conceitual de alunos.

Os *atores* envolvidos, direta e indiretamente, nesse debate – *professores, alunos, pais, editores e autores de livros didáticos, responsáveis pela elaboração de propostas curriculares e pesquisadores,* entre outros – apresentam argumentos variados a favor e contra o uso de tais recursos em sala de aula dos anos iniciais. O levantamento e as reflexões sobre os posicionamentos desses diferentes atores são de extrema importância, pois acreditamos que o que efetivamente ocorre em sala de aula é influenciado pelas opiniões, decisões e ações desses diferentes personagens.

Borba e Penteado (2005) argumentam que há os defensores incondicionais do uso do computador para a solução de problemas educacionais, embora tais defensores não especifiquem claramente quais problemas podem ser solucionados e de que maneira são resolvidos por meio do uso desta mídia. Por outro lado, esses autores apontam que muitos que são contrários ao uso do computador argumentam que a utilização dessa mídia pode impedir aprendizados – como a realização de contas, o traçado de gráficos – ou criar dependências desse recurso entre os alunos. Outros se posicionam favoráveis ao uso do computador, mas acreditam que há impedimentos de ordem econômica que inviabilizam o uso amplo do computador, em particular nas escolas públicas brasileiras. Borba e Penteado analisam esses argumentos e se posicionam defendendo o uso de computadores na sala de aula como possibilidade de desenvolvimento do(a) professor(a) enquanto profissional da educação e dos alunos enquanto cidadãos com direito, no mínimo, a uma *alfabetização tecnológica* e, portanto, com direito de acesso a tecnologias desenvolvidas pela sociedade.

A discussão sobre o uso da calculadora nas salas de aula do Ensino Fundamental – em particular nos anos iniciais de escolarização – suscita embates semelhantes. Algumas defesas do uso da calculadora são embasadas no amplo uso dessa ferramenta em situações matemáticas de fora da sala de aula e o fato de que calculadoras simples são acessíveis às diferentes camadas da sociedade. Um argumento desfavorável é o de que crianças novas, que ainda não aprenderam a realizar as operações aritméticas, não devem ser expostas ao uso da calculadora, pois deixarão, assim, de aprender a realizar as contas básicas – com números naturais e números racionais – envolvidas em problemas matemáticos.

É evidente que se deve atentar para cuidados no sentido de permitir que alunos de anos iniciais desenvolvam a compreensão das quatro operações aritméticas, mas defende-se aqui que, se bem utilizada, a calculadora pode ser uma ferramenta que auxilie os alunos na compreensão do sistema de numeração decimal, na adição, na subtração, na multiplicação e na divisão de números naturais e racionais, entre outros conceitos matemáticos. Defendemos que não é todo uso da calculadora que possibilita explorações conceituais, mas, sim, situações didáticas bem planejadas com objetivos claros e procedimentos bem selecionados.

Introdução

Vale a pena ressaltar, também, que a calculadora não opera por si mesma e que os alunos precisam decidir o que realizarão com o auxílio desse recurso e, assim, essa ferramenta não restringe a autonomia dos alunos em decidirem quais os procedimentos que adotarão para a resolução de determinados problemas. Deve-se ter cuidado, entretanto, em possibilitar que os alunos explorem conceitos com o uso da calculadora, não permitindo que a utilização dela se torne um empecilho para o aprendizado matemático. Dessa forma, a atividade realizada com a calculadora é determinante em possibilitar, ou não, o desenvolvimento matemático dos alunos.

Consideramos, assim, importante buscarmos respostas para questionamentos centrais, tais como:

O uso da calculadora por alunos de anos iniciais inibe o raciocínio das mesmas?

Este uso pode impedir avanços matemáticos futuros?

A calculadora pode ser utilizada como um recurso que auxilie o desenvolvimento do raciocínio matemático?

A proposta deste livro é refletir a respeito dessas questões e contribuir para o debate sobre como a calculadora pode ser um instrumento útil, que auxilie o desenvolvimento de atividades em sala de aula e influencie o aprendizado matemático de alunos de anos iniciais.

Cysneiros (2003) aponta que a introdução de novas tecnologias no Brasil, no início da década de 1980, foi concebida como um avanço geral na atividade educativa, desconsiderando-se, muitas vezes, especificidades de disciplinas e de conteúdos. Esse autor alerta que "é necessário explorar aspectos da tecnologia que potencializem as atividades de ensinar e de aprender" (p. 37) e não, meramente, utilizar novos recursos como *enfeites* de técnicas tradicionais de ensino. Assim, novas concepções de ensinar e de aprender têm que ser apreendidas para que o(a) professor(a) possa utilizar a calculadora de modo eficiente em sua sala de aula. A mera introdução da calculadora, sem reflexão sobre suas possibilidades e seus limites, não é suficiente para essa mídia ser propulsora de desenvolvimento conceitual.

De modo semelhante, Borba (1999) sugere que a introdução de novas tecnologias na escola deve levar a reflexões sobre mudanças curriculares, novas dinâmicas da sala de aula e novos papéis a serem desempenhados pelo(a) professor(a). Esse autor defende que novas tecnologias não devem *substituir* nem, simplesmente, *complementar* as atividades a serem desenvolvidas em sala de aula. O uso de computadores e de calculadoras pode promover uma *reorganização* da atividade em sala de aula, com novos papéis a serem desempenhados por professores e por alunos.

Alunos podem, sob a orientação do(a) professor(a) ou autonomamente, desenvolver explorações conceituais e construir conhecimentos de forma diferente, a partir do uso do computador ou da calculadora. Respostas serão dadas diretamente por tais recursos aos alunos e estes não dependerão exclusivamente de retornos dados pelo(a) professor(a). Esta nova organização reflete novas maneiras de aprendizado.

Diversos estudos, a serem apresentados e discutidos no Capítulo III deste livro, têm mostrado a importância, em particular, do uso da calculadora em sala de aula, enfatizando as possibilidades de ampliação conceitual por parte dos alunos, por meio do desenvolvimento de atividades envolvendo sua utilização. O uso da calculadora também tem sido recomendado pelos Parâmetros Curriculares Nacionais (BRASIL, 1997), que enfatizam a importância desse instrumento na realização de tarefas exploratórias e de investigações conceituais, na verificação de resultados e na correção de erros, podendo ser, também, um valioso instrumento de autoavaliação.

Apesar do estímulo ao uso da calculadora – tanto a partir de discussões teóricas quanto por meio de observações empíricas – parece, ainda, haver resistências ao uso desse recurso em sala de aula, o que pode, em parte, ser justificado pela escassez de atividades envolvendo a calculadora encontradas em livros didáticos do Ensino Fundamental.

A análise de livros didáticos de Matemática pode possibilitar que se compreenda como vem sendo proposto o uso da calculadora em sala de aula, tendo em vista que os livros didáticos são instrumentos da atividade docente, seja para a formação de professores que ensinam Matemática, seja como fonte de difusão de ideias defendidas por segmentos da Educação Matemática. Em muitos casos, o livro didático é apontado como o principal referencial do trabalho em sala de aula devido, em boa parte, à ausência de outros materiais que orientem os professores em relação ao que deve ser ensinado e como fazê-lo. Além de uma orientação pedagógica geral, os livros podem, também, ajudar professores a enfrentarem suas próprias inseguranças quanto ao ensino e à aprendizagem da Matemática e auxiliarem na organização de suas aulas.

Neste livro, objetiva-se subsidiar a discussão sobre o uso de novas tecnologias, em particular a calculadora, a partir da análise sobre como a calculadora pode ser um recurso de desenvolvimento dos alunos de anos iniciais. Serão, então, apresentados estudos que investigam o papel da calculadora no desenvolvimento matemático, bem como o modo como os livros didáticos destinados a alunos dos anos iniciais têm abordado o uso da calculadora e quais atividades mais frequentemente têm sido sugeridas, tais como a exploração do teclado para o uso da calculadora, a automatização de operações por meio da utilização da calculadora, a confirmação na calculadora de resultados obtidos anteriormente (em cálculos orais ou escritos) ou a exploração de conceitos.

Sabe-se que mudanças efetivas em sala de aula só ocorrerão se os professores se apropriarem dos princípios por trás de propostas sugeridas e se estiverem cientes dos riscos que poderão correr e se, ainda, estiverem dispostos a correr esses riscos e a se empenharem no estudo contínuo de como as propostas se adequam à realidade da sala de aula. Nesse sentido, também discutiremos concepções de professores sobre o uso da calculadora em sala de aula e relataremos experiências bem sucedidas do uso da calculadora com alunos de anos iniciais.

Dessa forma, desejamos, neste livro, *dar voz* aos diferentes *atores* envolvidos na questão do uso da calculadora em sala de aula dos anos iniciais do Ensino Fundamental. Discutiremos razões apresentadas por *professores* para fazerem uso, ou não, desse recurso em suas salas de aula e apresentaremos exemplos de uso da calculadora na escola; refletiremos a respeito dos argumentos apresentados por *pesquisadores* dentro de Educação Matemática que justifiquem o uso desse recurso em sala de aula e as evidências de estudos empíricos da validade do uso da calculadora para estimular avanços conceituais de *alunos*; observaremos como recursos pedagógicos, tais como as atividades sugeridas por *autores de livros didáticos*, adequam-se às *recomendações dos responsáveis pela elaboração de propostas curriculares*.

Esperamos, assim, contribuir para o debate desta importante questão – o uso da calculadora em sala de aula nos anos iniciais do Ensino Fundamental – que também deve envolver outros *atores* da sociedade como *os pais dos alunos*, que, à semelhança dos outros *personagens* envolvidos, também são desejosos de verem as crianças aprendendo Matemática, de modo a fazerem uso de seus conhecimentos dentro e, principalmente, fora da sala de aula.

Capítulo II

O que pensam professores sobre o uso da calculadora

No capítulo introdutório deste livro, afirmou-se que recursos tecnológicos contemporâneos – como o computador e a calculadora – serão, ou não, utilizados em sala de aula como consequência de um conjunto de recomendações, posicionamentos e decisões de pesquisadores, de responsáveis pela elaboração de propostas curriculares, de editores e de autores de livros didáticos e de professores, entre outros *atores* envolvidos na questão.

Possivelmente, o principal responsável pelo uso da calculadora em sala de aula é o(a) professor(a), pois mesmo que propostas curriculares, amparadas em pesquisas dentro da Educação Matemática, recomendem a sua utilização, cabe ao(à) professor(a) a decisão final de elaborar e propor aos seus alunos atividades com recursos variados, em particular com a calculadora.

Esta questão de uso, ou não, em sala de aula de recursos tecnológicos da atualidade pode ser, em parte, consequência da formação que o(a) professor(a) vivenciou em sua graduação ou da qual participa continuadamente. Mesmo que não tenha sido tópico de discussão em cursos de formação inicial, o uso de recursos contemporâneos pode ser ponto de reflexão em programas de formação continuada.

Na literatura sobre formação de professores, tem-se, de modo geral, defendido-a como um processo contínuo, à semelhança de outras profissões para as quais uma atualização permanente é imprescindível ao exercício profissional. Entre os teóricos que defendem esta posição, destaca-se Schön (1983), que argumenta que os saberes docentes são evolutivos e progressivos, e necessitam, assim, de formação contínua.

Se assim a discussão da introdução de tecnologias contemporâneas em práticas de ensino esteve, ou não, presente na formação inicial de um(a) professor(a), a partir de formações continuadas ele(a) poderá vir a compreender melhor quais os possíveis usos desses recursos em sala de aula e poderá experimentar, refletir, readaptar e voltar a propor atividades que auxiliem os alunos em seus desenvolvimentos conceituais por uso de computadores e de calculadoras.

A discussão de *por que* utilizar e *como* usar a calculadora em sala de aula deve, portanto, ser ponto de análise entre professores, pois, segundo Tardif (1999), os saberes docentes englobam *conhecimentos, habilidades, competências e atitudes,* estando todos estes associados ao *saber fazer* da docência e ao *saber ser* docente. Assim, discussões sobre o uso de recursos tecnológicos em sala, tais como computadores e calculadoras, poderão propiciar aos professores conhecimentos sobre por que utilizar estes recursos como ferramentas de ensino e de aprendizagem; poderão habilitá-los a fazer uso dessas ferramentas de maneira competente; e poderão mudar suas crenças e suas atitudes diante do computador e da calculadora enquanto instrumentos de ensino e de aprendizagem.

Pimenta (1996) ressalta a amplitude do saber necessário à pratica docente, destacando a natureza tríplice dos saberes da docência: *saberes pedagógicos, saberes científicos e saberes da experiência.* Os saberes pedagógicos referem-se, entre outros aspectos, às formas de ensinar conteúdos e disciplinas; os saberes científicos ao domínio do saber acumulado dentro de uma área de estudo, associado a ações de reflexão autônomas e críticas; e os saberes da experiência devem ser embasados

O que pensam professores sobre o uso da calculadora

numa postura ético-pedagógica, possibilitando ao docente utilizar seu saber acumulado como meio de desenvolvimento pleno dos discentes sob a sua responsabilidade e para o seu próprio desenvolvimento profissional. Esses saberes podem ser associados mais especificamente ao uso da calculadora em sala de aula, evidenciando-se a necessidade do(a) professor(a) conhecer formas de uso da calculadora (*saber pedagógico*); dominar os princípios, propriedades e relações possibilitadas pelo uso da calculadora (*saber científico matemático*); e de vivenciar, refletir e reorganizar atividades com a calculadora em sala de aula (*saber da experiência*).

Moreira e David (2005) apresentam uma rica discussão sobre a tensão entre a Matemática ensinada em sala de aula do Ensino Básico e a Matemática vivenciada pelos futuros professores em seus cursos de graduação. As discussões levantadas por esses autores alertam-nos que, além do bom domínio de saberes científicos, ou seja, conceitos matemáticos – elementares e avançados –, é preciso que o professor se aproprie também de saberes pedagógicos – como conhecimentos sobre formas que os alunos aprendem e de fatores que podem impedir avanços em seus aprendizados. Ao experimentar novas metodologias de ensino, o professor também poderá avançar em seus saberes da experiência.

Cuidados de formação, no entanto, tornam-se necessários, pois não se deseja que os professores adotem o uso de novos recursos em suas salas de aula apenas por que têm que fazê-lo, seja por imposição de propostas curriculares, seja por determinação de autores de livros didáticos ou, ainda, por decisão de dirigentes escolares. Bons usos dessa ferramenta só serão possíveis se o(a) professor(a) conceber a calculadora como uma ferramenta potente que pode auxiliá-lo nas atividades de sala de aula, no sentido de proporcionar ricos aprendizados matemáticos a seus alunos.

Niss (2006), ao descrever o projeto dinamarquês KOM (traduzido como *Competências e Aprendizagens em Matemática*), aponta oito competências matemáticas – que podem se aplicar tanto ao saber do aluno, quanto do professor, mas, referente a este último, é preciso que o mesmo não só possua competências, mas saiba efetivamente estimular o desenvolvimento de competências matemáticas em seus estudantes (p.36). Entre as competências pedagógicas do professor, portanto, tem-se a de selecionar e criar materiais pedagógicos e justificar atividades de ensino/aprendizagem com os estudantes. Dentro da seleção de material a ser utilizado em sala de aula, o(a) professor(a) pode eleger a calculadora como uma possibilidade, desde que a conceba como um recurso que pode auxiliar os alunos em avanços conceituais matemáticos.

Segundo Niss, as competências matemáticas podem ser listadas em dois grupos, sendo o primeiro associado a *habilidades para perguntar e responder perguntas em Matemática e com a Matemática* e o *segundo associado a habilidades para lidar com a linguagem matemática e seus instrumentos*. Neste segundo grupo, as competências relacionadas a instrumentos e a acessórios são: ter conhecimento da *existência* e das *propriedades* de diferentes instrumentos e de acessórios relevantes para a atividade matemática, sendo a calculadora um destes instrumentos; ter *insights* sobre as *possibilidades* e as *limitações* de tais instrumentos e *usar* ferramentas e acessórios de maneira refletida (p. 34). Dessa forma, torna-se essencial que estudantes tenham conhecimento dos usos da calculadora e que professores estejam preparados para discutir estes usos junto a seus alunos. Para isso, os professores devem conceber a calculadora como uma ferramenta útil e eficaz no aprendizado matemático.

Levantamento das concepções de professores sobre o uso da calculadora em sala de aula

No sentido de fazer um levantamento de como professores se sentem em relação ao uso da calculadora nos anos iniciais do Ensino Fundamental (se efetivamente propõem atividades com este recurso e como são as propostas por eles elaboradas) entrevistamos 40 professores de 4.º e 5.º ano do Ensino Fundamental. Metade desses professores atuava na rede pública de ensino e a outra metade atuava na rede particular. Dois professores de cada escola foram entrevistados, envolvendo, dessa forma, neste levantamento, 10 escolas públicas e 10 particulares.

Após o levantamento de dados sobre a formação inicial do(a) professor(a), seu tempo de ensino e sua participação em atividades de formação continuada, bem como o livro adotado em sua escola, as seguintes questões foram colocadas nas entrevistas individuais com os professores:

Questões

➢ Que recursos você costuma utilizar nas suas aulas de Matemática?

➢ Você acredita ser importante usar a calculadora em sala de aula? Por quê?

➢ Você alguma vez já utilizou a calculadora em alguma atividade em sua sala de aula? Por que você usou a calculadora?

➢ Você seria capaz de dar um(alguns) exemplo(s) de alguma(s) atividade(s) envolvendo a calculadora?

➢ Há algum(ns) conteúdo(s) da Matemática no(s) qual(is) você acredita que pode ser indicado o uso da calculadora?

➢ A utilização da calculadora nas aulas de Matemática pode desenvolver habilidades nos alunos? Quais?

➢ Existem atividades propostas no livro didático adotado em sua escola que pedem o uso da calculadora?

➢ Você realiza as atividades propostas no livro didático com seus alunos? Você propõe outras atividades? Se sim, quais?

➢ Você percebe alguma vantagem em usar a calculadora em sala de aula? E quais seriam as desvantagens?

➢ Para você, que dificuldade(s) você pode encontrar ao usar a calculadora em sala? E o que pode ser feito para superar tal(is) dificuldade(s)?

> E em relação a outros professores, você acredita que a calculadora é um recurso de uso frequente nas atividades em sala de aula?

> Se estes professores não utilizam a calculadora, por que você acredita que eles não a utilizam?

> Você acredita que os professores estão preparados para usar a calculadora em sala de aula?

Num outro estudo, anteriormente realizado, também sobre a concepção de professores quanto ao uso da calculadora em sala de aula, Noronha e Sá (2002) observaram que a justificativa mais frequente para a não recomendação do uso da calculadora em sala de aula foi a de que "o aluno ficará dependente da máquina" (justificativa apresentada por 89% dos docentes desfavoráveis ao uso da calculadora). Outras justificativas frequentes, observadas no estudo de Noronha e Sá, foram: "a máquina de calcular tira o raciocínio do aluno" (dada por 84% dos docentes) e "o aluno não aprenderá as quatro operações fundamentais" (apresentada por 55% dos professores).

Os professores do estudo de Noronha e Sá que se posicionaram favoravelmente ao uso da calculadora em sala de aula, apenas 0,23% a mais que os que afirmaram serem desfavoráveis, apresentaram como justificativa mais frequente (citada por 76% dos professores): "a calculadora ajuda a resolver com maior rapidez as operações mais complicadas, deixando mais tempo para o raciocínio na resolução de problemas matemáticos".

O levantamento descrito neste capítulo buscou analisar de forma mais ampliada a concepção de professores sobre a calculadora, não apenas suas justificativas de uso, mas também a importância que dão à mesma e as vantagens percebidas em sua utilização, as dificuldades e as desvantagens de uso, os conteúdos que julgam mais apropriados para serem desenvolvidos com esse recurso didático, como lidam com as

O que pensam professores sobre o uso da calculadora

propostas apresentadas nos livros didáticos, as experiências dos docentes utilizando a calculadora em sala de aula e o quanto suas formações os haviam preparado para este uso. Os resultados obtidos neste levantamento serão apresentados a seguir.

Qual o perfil dos professores entrevistados?

Nas escolas particulares, 18 eram professoras e apenas dois professores, enquanto nas escolas públicas foram entrevistadas 19 professoras e apenas um professor. Essa amostra retrata a nossa realidade de anos iniciais do Ensino Fundamental na qual há uma maioria de professoras e muito poucos professores.

O tempo de ensino dos professores variou de três a 28 anos nas escolas particulares e de cinco a 26 anos nas escolas públicas. O tempo médio de ensino dos professores da rede particular era de 17 anos de magistério e de 14 anos na rede pública. Observou-se, assim, que a experiência de ensino dos professores – tanto das escolas públicas quanto das particulares – era basicamente a mesma.

Dos professores da rede pública, 19 possuíam formação superior e apenas três dos professores das escolas particulares possuíam formação máxima em nível médio. Quatro professores da rede particular possuíam curso de pós-graduação e, entre os da rede pública, cinco possuíam especializações e uma professora era Mestra em Educação. Todos os professores haviam participado de mais de uma atividade de formação continuada (capacitações, congressos e cursos) nos últimos três anos.

Observou-se, assim, que, tanto em relação à formação inicial quanto continuada, os professores das duas redes de ensino possuíam, em sua maioria, formação superior, sendo que 20% dos professores da rede particular e 30% dos da rede pública tinham continuado seus estudos ao nível de pós-graduação e todos haviam, de alguma forma, se envolvido em atividades de formação continuada.

A calculadora é um recurso usual dos professores dos anos iniciais?

Ao responderem sobre quais recursos os professores utilizavam em sua prática de sala de aula, observou-se que os mesmos listaram uma variedade de materiais – estruturados e não estruturados. Na Tabela 1, pode-se observar os recursos listados por rede de ensino.

Tabela 1. Recursos utilizados por rede de ensino

Recursos citados pelos professores	Rede particular	Rede pública
Material Dourado	11	14
Jogos	10	04
Sucata	04	09
Livro didático	04	07
Ábaco	05	06
Figuras geométricas/Tangram	08	–
Recortes de jornais/revistas	04	03
Régua/fita métrica	02	03
Calculadora	03	–
Quadro Valor de Lugar	–	03
Filmes	–	02
Balança	01	01
Tabuada	–	01

Tanto na rede particular quanto na rede pública de ensino, o recurso que os professores afirmaram mais utilizar foi o

Material Dourado.[1] Possivelmente este é um recurso bastante utilizado pelas possibilidades que o mesmo oferece em se trabalhar os cálculos numéricos das operações aritméticas. Pela importância que, em geral, se dá ao ensino de números e de operações nos anos iniciais do Ensino Fundamental, é coerente que os professores utilizem em suas salas de aula um recurso que contribui para a compreensão do Sistema de Numeração Decimal (SND) e das operações de adição, subtração, multiplicação e divisão. Por sua estrutura, na qual estão representadas unidades (blocos isolados), dezenas (10 blocos unidos numa barra), centenas (100 blocos numa placa) e milhares (1.000 blocos num cubo), os professores facilmente identificam o Material Dourado como um recurso útil ao aprendizado de seus alunos. Esse recurso também pode ser utilizado para o ensino de números racionais se se considerar, por exemplo, a placa como sendo uma unidade, a barra como representando décimos e os blocos isolados representando centésimos.

O ábaco foi citado com certa frequência, o que também reforça a hipótese da importância que se dá ao ensino de números e operações na sala de aula dos anos iniciais. Da mesma forma que o Material Dourado, o ábaco e o Quadro Valor de Lugar possibilitam a compreensão da representação numérica e a realização de operações aritméticas. Esses recursos são também

---

[1] O Material Dourado é um dos materiais idealizados pela médica e educadora italiana Maria Montessori para o trabalho com Matemática. O mesmo é constituído de cubos isolados – que representam unidades no SND, de barras com dez cubos adjuntos – representando dezenas, de placas constituídas de dez barras adjuntas – representando a centena e de um bloco maior de dez placas adjuntas – representando a milhar, como representado a seguir.

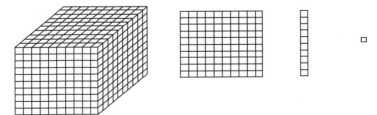

muito utilizados em livros didáticos dos anos iniciais, o que pode ter influenciado a indicação por parte dos professores deles.

Pela baixa indicação da calculadora – apontada espontaneamente por apenas três professores da rede particular – infere-se que a maioria dos professores não percebeu que a mesma também pode ser um recurso de ensino para o aprendizado dos significados e das representações dos números naturais e racionais.

Exploração de padrões em operações realizadas na calculadora também pode auxiliar os alunos na compreensão do SND. Pode-se, por exemplo, pedir aos alunos que registrem os resultados obtidos na calculadora para as operações que seguem.

1003 + 1	1.003 + 10	1.003 + 100	1.003 + 1.000
2341 + 1	2.341 + 10	2.341 + 100	2.341 + 1.000
999 + 1	999 + 10	999 + 100	999 + 1.000

A partir da observação dos padrões obtidos nos resultados das operações realizadas na calculadora, os alunos poderão refletir a respeito do valor posicional dos números no nosso sistema de numeração. A realização das operações na calculadora terá nesta atividade a função de garantir que os resultados obtidos são corretos (caso contrário, fica impossibilitada a observação de padrões) e aliviará a carga da operacionalização, pois o que se deseja focar são os resultados obtidos ao se adicionar uma unidade, uma dezena, uma centena e uma milhar, e não propriamente, neste caso, se os alunos são capazes de realizar corretamente os procedimentos de cálculo.

Semelhantemente, a observação de padrões das seguintes sequências de operações poderá auxiliar os alunos na compreensão da regularidade do SND, mesmo quando se extrapola o campo dos números naturais e se trabalha com números racionais.

| 35,25 + 10 | 35,25 + 1 | 35,25 + 0,1 | 35,25 + 0,01 |
| 70,00 + 10 | 70,00 + 1 | 70,00 + 0,1 | 70,00 + 0,01 |

O que pensam professores sobre o uso da calculadora

Estas explorações podem ser efetuadas tanto utilizando-se números isolados, como descrito acima, quanto usando-se números inseridos em contextos de medidas de grandezas, como, 35,25 metros – nos quais se pode explorar, junto aos alunos, o significado de 0,25 metro, ou seja, um quarto de metro, ou ainda, 25 centímetros.

Mais um exemplo de exploração conceitual por uso da calculadora pode ser o de atividades envolvendo a divisão com resto. Em estudos anteriores, Borba e Selva (2007) e Selva e Borba (2005), analisaram a compreensão de crianças de 3.ª e 5.ª série, atuais 4.º e 6.º anos de escolarização, sobre o tratamento a ser dado ao resto em problemas de divisão e propuseram intervenções no sentido de superar dificuldades evidenciadas. Detalhes desses estudos podem ser vistos no Capítulo III deste livro. A proposta dessas autoras consistia basicamente em solicitar que os alunos comparassem os resultados obtidos em operações, como as que seguem, a serem realizadas com lápis e papel e por meio da calculadora.

24 ÷ 2	24 ÷ 4	37 ÷ 2	37 ÷ 4	45 ÷ 2	45 ÷ 4

Este outro possível uso da calculadora – o de comparação de resultados obtidos por procedimentos diferentes – possibilita que os alunos discutam respostas obtidas por meio de representações distintas. No caso particular da divisão com resto, as crianças observavam que, no papel, elas obtinham respostas com resto, mas que na calculadora apareciam números decimais que indicavam a subdivisão dos restos por elas encontrados. Havia também espaço para que as crianças discutissem quais as situações nas quais fazia sentido subdividir o resto (como nos problemas de *distribuição*, tal como: Prof. Marcos recebeu 37 minipizzas e deseja reparti-las igualmente entre as duas turmas de 2º ano de sua escola. Quanto será dado a cada turma?) e aquelas nas quais não era possível a subdivisão, mas era mais adequado fazer o acréscimo de uma unidade ao quociente (como no exemplo que segue de problema de *divisão por quotas*: A diretora da escola está verificando quantos carros serão necessários para levar ao zoológico as 45 crianças do 3.º ano. Se em cada carro cabem quatro crianças, quantos carros serão necessários?).

Ainda referente ao levantamento realizado, outros recursos que se destacam entre os citados pelos professores são os jogos, o uso de sucata e do livro didático. Esses recursos e os outros citados denotam um aspecto importante, que é o reconhecimento dos professores quanto à necessidade de utilização de recursos variados em sala de aula, tanto para o ensino de números e operações, quanto para o estudo da geometria (quando do uso de figuras geométricas e do Tangram) e das grandezas e medidas (como na indicação de réguas, fitas métricas e balanças).

Poucos professores dos anos iniciais, entretanto, espontaneamente reconheceram a calculadora como uma ferramenta que possibilita a exploração do Sistema de Numeração Decimal e das operações dentro do SND, bem como um recurso que pode auxiliar o trabalho de outros eixos matemáticos, tais como grandezas e medidas, geometria e tratamento da informação.

Apesar de não afirmarem espontaneamente usar a calculadora, os professores foram diretamente questionados quanto à utilização da calculadora em suas salas de aula e a maioria dos professores particulares indicou que sim. Apenas um afirmou nunca ter usado este recurso em sua sala de aula. No entanto, na esfera pública, apenas cinco professores entrevistados afirmaram ter utilizado a calculadora em atividades na sala de aula. Todos os professores que disseram terem usado a calculadora, afirmaram que não o fazem com muita frequência. A maioria relatou que a introduz na sala de aula apenas quando a calculadora é solicitada em atividades do livro didático.

Qual a importância que os professores percebem do uso da calculadora em sala de aula?

Apesar do não uso frequente da calculadora em suas salas de aula, os professores reconheceram-na como importante e

O que pensam professores sobre o uso da calculadora

apresentaram aspectos diferentes de sua importância, como pode ser observado na Tabela 2, a seguir. Este resultado, em conjunto com o anteriormente discutido, parece evidenciar que, apesar do reconhecimento da importância da calculadora, os professores possuem motivos para não a utilizarem em suas salas. Possivelmente o motivo mais forte seja o não conhecimento por parte do(a) professor(a) e/ou sua insegurança quanto a formas de trabalhar com a calculadora nos anos iniciais do ensino. Outro motivo poderia ser o do(a) professor(a) julgar que, ao trabalhar com a calculadora, ele pode, de alguma forma, prejudicar o desenvolvimento matemático de seus alunos.

Os professores – tanto da rede particular quanto da rede pública – reconheceram a calculadora como um recurso muito utilizado no dia a dia das pessoas e, portanto, não deveria deixar de fazer parte do trabalho de Matemática em sala de aula. Desta forma, os professores apontaram que os alunos não podem deixar de aprender a manusear um instrumento presente no cotidiano da maioria das pessoas.

Os professores apresentaram vantagens diferenciadas do uso da calculadora no ensino. Praticamente o mesmo número de professores da rede particular e da rede pública apontou a vantagem da calculadora, enquanto possibilidade de realização de cálculos, de verificação de resultados obtidos por outros meios (como cálculos realizados mentalmente ou por uso de lápis e papel) e o desenvolvimento do raciocínio lógico. De forma igual, os professores reconheceram o uso da calculadora como uma forma viável de se resolver problemas.

A fala de uma professora de 4.º ano de escolarização da rede pública de ensino ilustra como os professores reconheceram a importância de se realizar atividades em sala de aula com a calculadora: "...a calculadora é um objeto usual deles lá fora, né? Aí a gente na escola ensina o cálculo da adição escrito, mas lá fora ele tem a oportunidade de utilizar a calculadora. (É importante) como forma de utilização mesmo, de fazer a ligação do que ele aprende na escola, no escrito, e de como ele se dá na calculadora".

Tabela 2. Importância do uso da calculadora para o trabalho em Matemática por rede de ensino

Aspectos considerados pelos professores	Rede particular	Rede pública
Domínio de um recurso tecnológico presente no dia a dia	15	10
Rapidez na realização de cálculos	09	10
Verificação de resultados	06	08
Desenvolvimento de raciocínio lógico/auxílio no cálculo mental	07	05
Uso após apropriação das estruturas matemáticas	03	09
Utilização como uma estratégia na resolução de problemas	04	04
Exploração de conceitos matemáticos	04	01

Alguns professores – principalmente os da rede pública de ensino – apontaram que a calculadora deve ser utilizada apenas após a apropriação dos conceitos por parte dos alunos e muito poucos conceberam a calculadora como fonte de construção de conceitos matemáticos.

Estes resultados parecem indicar que os professores são capazes de apontar vantagens da calculadora enquanto recurso atual de rapidez de realização de cálculo ou de conferência de resultados, mas ainda não está claro para a maioria dos professores dos anos iniciais que a calculadora pode auxiliar no desenvolvimento conceitual de seus alunos, como nos exemplos citados anteriormente de observação de regularidades dentro do SND. É como se para esses professores a calculadora fosse um recurso útil para que o aluno aplique os conhecimentos já possuídos, mas não percebem ainda que, ao usar a calculadora, o aluno pode refletir a respeito dos resultados obtidos ou, ao se liberar da responsabilidade de realizar cálculos, concentrar-se melhor nos procedimentos a serem adotados e analisar a natureza dos resultados obtidos.

O que pensam professores sobre o uso da calculadora

Quais conteúdos os professores consideram mais adequados para o trabalho com a calculadora?

Os professores apontaram diversos conteúdos matemáticos como sendo adequados para o uso da calculadora, evidenciando que, embora não façam uso frequente desse recurso, reconhecem as possibilidades de uso específico da mesma.

O conteúdo mais frequentemente apontado foi a resolução de problemas aditivos e multiplicativos, como pode ser observado na Tabela 3, a seguir. Se considerado este resultado em conjunto com os anteriormente discutidos, pode-se pressupor que os professores julgam possível a utilização da calculadora para a resolução de problemas matemáticos, mas esta utilização deve ser feita após o domínio dos alunos da realização das quatro operações aritméticas. Se os professores consideram viável o uso da calculadora neste conteúdo, mas poucas vezes se utilizam deste procedimento – conforme seus próprios depoimentos – pode-se inferir que os docentes de 4.º e 5.º anos de escolarização ainda não consideram que os seus alunos possuem um domínio suficiente dos procedimentos de cálculo da adição, subtração, multiplicação e divisão, a ponto de poderem deixar de efetuar os cálculos e concentrarem-se nas estratégias de resolução dos problemas que envolvam estas operações.

Tabela 3. Conteúdos que podem ser trabalhados com calculadora por rede de ensino

Conteúdos mencionados pelos professores	Rede particular	Rede pública
Situações-problemas envolvendo estruturas aditivas e multiplicativas	04	11
Números decimais	04	08
Cálculos com números altos	07	02
Expressões numéricas	07	–
Porcentagem	02	01
Números fracionários	–	02
Noções básicas do instrumento	02	–
Cálculo de áreas de figuras geométricas	01	–

COLEÇÃO "TENDÊNCIAS EM EDUCAÇÃO MATEMÁTICA"

De forma muita adequada, os professores apontaram os números decimais como conteúdo no qual o uso da calculadora pode ser viável em sala de aula e útil ao desenvolvimento dos alunos. De fato, este recurso pode ser um importante instrumento para que os alunos compreendam em quais situações números decimais se fazem presentes, de como estes surgem por meio da subdivisão de números inteiros e como há regularidade no Sistema de Numeração Decimal, de tal modo que as regras e os princípios aplicados a números naturais se estendem aos números racionais.

Poucos reconheceram, porém, que a calculadora pode ser útil no desenvolvimento da compreensão de outros significados do número racional, tais como a fração ordinária e a porcentagem. Não só a calculadora pode auxiliar na compreensão isolada destes significados, bem como da articulação[2] destes (como no caso de verificar que ½ = 0,5 = 5/10 = 50/100 = 50%), mas nenhum(a) professor(a) atentou sobre esta possibilidade. Ao realizarem as operações 1:2; 5:10 e 50:100, por exemplo, os alunos poderão observar que o mesmo valor (0,5) será obtido e, aliando-se a outros recursos, como o Material Dourado, representado bidimensionalmente a seguir na Figura 1, por exemplo, poderão observar que numa placa, como a representada a seguir, a metade (1/2) é a mesma quantidade que 5/10 (5 décimos, ou seja, 5 barras), ou igual, ainda, a 50/100 (50 centésimos, ou seja, 50 cubos isolados). Salienta-se que deve ser acordado junto aos alunos que o Material Dourado nesses casos – de manuseio de números racionais – passa a ter outra representação, ou seja, a placa passa a representar uma unidade, a barra representa um décimo (a décima parte da placa) e o cubo isolado representa um centésimo (a centésima parte da placa).

---

[2] Embora não seja uma proposta específica de uso da calculadora, o leitor que desejar buscar outras informações quanto à possibilidade de proporcionar um trabalho articulado do número racional, recomenda-se a leitura de Silva, Silva, Borba, Aguiar e Lima (2000).

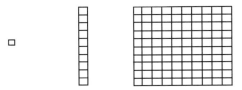

Figura 1. Representação bidimensional do Material Dourado com o cubo isolado (representado por um quadrado), a barra (representada por 10 quadrados adjuntos) e a placa (representada por 10 barras).

Ao apontar cálculos com números altos, a realização de expressões numéricas e o cálculo de áreas, reforça-se a hipótese anteriormente levantada de que os professores tendem a considerar a calculadora como recurso de realização de cálculos, mas não necessariamente para levar o aluno a refletir sobre os processos de resolução de problemas, sobre os conceitos matemáticos envolvidos nas atividades propostas e, em particular, sobre a natureza dos números obtidos nos cálculos.

Alguns poucos professores da rede particular de ensino apontaram como conteúdo a ser trabalhado em sala de aula o manuseio da calculadora. Esta colocação é pertinente, pois qualquer outro uso da calculadora – seja a realização de cálculos, a verificação e a conferência de resultados ou a exploração conceitual – fica inviabilizado se os alunos não souberem como manusear o teclado da calculadora. É necessário, portanto, que um período de ensino seja destinado ao (re)conhecimento do teclado da calculadora e das suas possibilidades de cálculo.

Observa-se, assim, que os professores possuem conhecimento sobre conteúdos viáveis de se trabalhar com a calculadora em sala de aula, embora não se possa ter certeza de como especificamente proporiam este trabalho e se reconhecem que outros conteúdos matemáticos – como o estudo de variadas grandezas e suas medidas, de aspectos geométricos diversificados e de tratamento de informações – também podem ser trabalhados com este recurso.

No caso do tratamento da informação, especificamente, a calculadora pode ser utilizada como forma de aliviar a carga de operacionalização e permitir que os alunos concentrem-se nos conceitos estatísticos. Pode-se explorar, por exemplo, o conceito de média aritmética a partir de uma tabela, como a apresentada na Figura 2, na qual seriam registradas as alturas de todas as meninas e de todos os meninos de duas turmas de uma mesma escola.

Alturas das meninas		Alturas dos meninos	
Turma A	Turma B	Turma A	Turma B
...	...	...	...
Altura média das meninas da	Altura média das meninas da	Altura média dos meninos da	Altura média dos meninos da
Turma A =	Turma B =	Turma A =	Turma B =
Altura média das meninas =		Altura média dos meninos =	

Figura 2. Exemplo de tabela que pode ser utilizada para registro e cálculo – por meio de uso da calculadora – de média aritmética de alturas de crianças.

A partir desses dados, os alunos poderiam ser solicitados a calcular a altura média dos alunos de duas turmas, de acordo com o gênero (meninas e meninos) e turma (A e B). Ao realizarem os cálculos das médias por meio do uso da calculadora, os alunos não se distrairiam com a realização de contas, mas poderiam se concentrar na interpretação e na discussão dos significados obtidos em questões como: Quem possui média de altura mais alta: as meninas da Turma A ou as da Turma B? Os meninos da turma A ou os meninos da Turma B? Os meninos ou as meninas da Turma A? Os meninos ou as meninas da turma B? Há algum(s) aluno(s) que esteja(m) influenciando na média, seja para elevar, seja para diminuir seu valor? Pode-se, ainda, questionar: Da forma como os dados estão organizados, é possível determinar a altura média de todos os alunos (meninas e meninos) de cada uma das turmas? E das duas turmas juntas?

Uma discussão muito relevante também pode ser travada buscando respostas para: o que de fato significa a média aritmética? A média aritmética das alturas da Turma A significa

O que pensam professores sobre o uso da calculadora

que todas as meninas da turma possuem aquela altura? Se não, o que representa a média obtida? Questionamentos semelhantes à outra turma e ao outro gênero também podem ser efetuados, na busca da compreensão por parte dos alunos do que representa a média aritmética como tendência central, ou seja, o valor que se teria se todos do grupo tivessem a mesma altura, neste caso em particular. Este é um possível uso da calculadora em um eixo distinto do de números e operações e no qual o uso desse recurso permite que os alunos concentrem suas atenções na exploração de conceitos específicos e não na realização de operações aritméticas por si só.

Os professores usam a calculadora quando recomendado pelo livro didático e planejam outras atividades além das recomendadas?

No levantamento efetuado, conforme pode ser observado na Tabela 4, constatou-se que quase todos os professores da rede particular afirmaram usar a calculadora em suas salas de aula quando a atividade proposta pelo livro didático adotado envolvia este recurso. Este dado parece incoerente com o apresentado na Tabela 1, na qual se observa que apenas três professores afirmaram utilizar a calculadora em suas salas de aula. Vale salientar que a primeira pergunta possibilitava que o(a) professor(a) espontaneamente afirmasse usar a calculadora. Além disso, pode-se aceitar que o que está apresentado nestas duas tabelas é verdadeiro, pois os professores pouco se lembram desse recurso e podem utilizá-lo muito poucas vezes pelo fato do livro didático fazer poucas proposições de atividades com esta ferramenta. No Capítulo 5 deste livro, será apresentada e discutida uma pesquisa sobre este aspecto – a proposta de atividades de uso da calculadora nos livros didáticos – e poderá ser observado que é verdadeira tal inferência.

Quanto à calculadora, um número muito reduzido de professores da escola pública afirmou realizar as atividades propostas pelos livros didáticos, que, além de serem provavelmente em pequena quantidade, alia-se a outras dificuldades específicas dessa

33

rede de ensino para justificar o muito baixo uso desse recurso nas salas de aula públicas. Uma professora do 5.º ano de escolarização da rede pública afirmou: "A rede não tem (calculadoras)... Acho que muitos professores ainda têm preconceito de usar calculadora. Acham que a calculadora vai facilitar a vida do aluno. A maioria da rede não usa. Eu acredito que tem professor que vê a atividade proposta 'pra' calculadora no livro e manda ele (o aluno) fazer sem calculadora".

Tabela 4. Uso da calculadora quando solicitado no livro didático ou em atividades extras por rede de ensino

Questões colocadas aos professores	Rede particular	Rede pública
Quantos realizam as atividades propostas no livro?	19	05
Quantos promovem novas atividades?	09	03

Se os livros didáticos propuserem atividades diversificadas com a calculadora – seja variando os conteúdos abordados, seja diversificando o uso da calculadora (como manuseio de teclado, realização e conferência de cálculos e exploração conceitual, entre outros) – e orientarem os professores a respeito do propósito do uso da calculadora nessas atividades, é muito provável que os professores venham a realizar em suas salas de aula mais atividades utilizando esse recurso. Nessa direção, os manuais dos livros didáticos também deveriam trazer uma discussão maior sobre como a calculadora poderia ser utilizada em sala de aula, apresentando sugestões de atividades que pudessem ser desenvolvidas pelos professores de forma complementar às atividades propostas no livro didático.

Um número reduzido de professores da rede particular, e mais reduzido ainda da escola pública, afirmou que propõe outras atividades envolvendo a calculadora em suas salas – além das propostas pelos livros didáticos. Vale salientar que é preciso um excelente domínio dos usos didáticos da calculadora para que um(a) professor(a) possa propor uma atividade, seja para complementar um uso pouco frequente, seja para superar a ausência de atividades com a calculadora nas atividades propostas pelo livro didático adotado.

As atividades extras mais frequentemente listadas eram de compra e venda, como em simulações de mercadinhos nas quais os alunos comprariam e venderiam produtos, e realizariam cálculos de gastos e trocos com a calculadora, explorando, dessa forma, situações aditivas e multiplicativas. Uma professora do 4.º ano de escolarização da rede particular apontou, também, a possibilidade de realizar atividades interdisciplinares com o uso da calculadora. Ela afirmou que, junto com outros professores de sua escola, ela tinha aproveitado atividades de outras áreas – como Ciências Naturais – e realizado operações aritméticas utilizando a calculadora e os dados apresentados nestas outras áreas (como na comparação de tamanhos de diferentes animais).

Nos últimos capítulos deste livro, serão tratadas atividades desenvolvidas ou a serem propostas por professores dos anos iniciais em suas salas de aula utilizando-se a calculadora e poderão ser observados usos diversos deste recurso como ferramenta de ensino e de desenvolvimento conceitual de estudantes.

Quais as dificuldades apontadas pelos professores no uso da calculadora e possíveis ações para superação das mesmas?

Nesta questão, as respostas dadas pelos docentes foram diversas e pode-se observar, na Tabela 5, que as dificuldades apontadas pelos professores da rede particular eram de natureza diferente das apontadas pelos professores da rede pública.

Os professores da rede pública apontaram como maior dificuldade o acesso ao recurso. Apesar de calculadoras simples serem oferecidas no mercado a preços bem reduzidos, os professores desta rede consideram que os alunos não têm condição de adquirir este instrumento. Mesmo que seja verdadeira esta pressuposição, pode-se questionar se não é possível a própria rede planejar ações no sentido de equipar as escolas públicas

Tabela 5. Dificuldades encontradas com o uso de calculadoras em sala de aula por rede de ensino

Dificuldades apontadas pelos professores	Rede particular	Rede pública
Os alunos não têm acesso ao recurso	01	18
Os pais resistem ao uso da calculadora	07	01
Há uma diversidade de máquinas possuídas pelos alunos e diferentes manuseios destas	05	–
Nem todos os alunos trazem a calculadora quando solicitada	03	01
Os alunos querem realizar operações somente na calculadora	02	–
Os alunos querem brincar com a calculadora	02	–
O(a) professor(a) não tem orientação pedagógica para o uso da calculadora em sala de aula	–	01
Nenhuma dificuldade encontrada	02	–

com calculadoras em quantidades suficientes para um trabalho em suas salas de aula que envolva o uso desse recurso. O que possivelmente ocorre é que falta, por parte dos propositores de políticas públicas de ensino e gestores desta rede, uma maior conscientização da necessidade de utilizar a calculadora como recurso didático. Também devemos questionar, considerando os dados apresentados até o momento, se os professores, além de reconhecerem a importância da calculadora como recurso tecnológico presente no cotidiano, buscam realmente incentivar o seu uso na escola ou, também, estão inseguros sobre como explorar essa ferramenta na sala de aula. Dessa forma, pode ser uma atitude até certo ponto comodista atribuir a não utilização desse recurso à dificuldade de aquisição por parte dos alunos, sem buscar outras alternativas.

É certo, porém, que um trabalho com a calculadora pode envolver quantidades variadas desse recurso na sala de aula, de acordo com a atividade proposta – sendo uma para cada aluno, uma para cada dupla ou para cada grupo de alunos. Há também a possibilidade de, em algumas atividades, haver apenas uma calculadora na sala, que seria utilizada de forma coletiva. Se as mesmas forem adquiridas pela escola, não há necessidade de se considerar o número total de alunos da escola, mas sim a quantidade de turmas e a distribuição do horário de uso das calculadoras pelas diferentes turmas.

De modo diferente, os professores da rede particular consideraram o recurso acessível a seus alunos, mas apontaram a resistência dos pais e a diversidade de máquinas de calcular, seus manuseios diversificados e o não trazer o instrumento quando solicitado como maiores dificultadores ao uso da calculadora em sala de aula. Dessa forma, ações se tornam necessárias no sentido de superar estas dificuldades, tais como reuniões com pais para discutir usos pedagógicos das máquinas de calcular, a solicitação de aquisição – pelos pais ou pela escola – de modelos similares de calculadoras para facilitar a realização de trabalhos em sala de aula e viabilizar a presença do recurso (seja informando aos pais os dias de uso da calculadora, seja providenciando um espaço de armazenamento das máquinas).

Os professores da rede particular também apontaram que o uso da calculadora pode 'viciar' os alunos ou distrair os mesmos, levando-os a brincadeiras ao invés de se concentrarem nas atividades propostas. Estas dificuldades relacionam-se, de certa forma, à falta de orientação pedagógica de como se pode trabalhar com a calculadora, apontada por um professor da rede pública. Se os professores tiverem segurança quanto a formas adequadas de se trabalhar com a calculadora, não haverá o risco dos alunos não aprenderem a realizar cálculos por outros meios e as atividades propostas envolverão os alunos a tal ponto que não haverá a tendência de se distraírem.

Quais as desvantagens do uso da calculadora em sala de aula segundo os professores?

Como se pode observar na Tabela 6, os professores da rede particular e da rede pública de ensino concordam no que diz respeito à principal desvantagem do uso da calculadora em sala de aula. Os docentes apontam que esse uso pode levar o aluno a depender da máquina e não se esforçar em realizar corretamente cálculos necessários à resolução de problemas.

Tabela 6. Desvantagens de usar
a calculadora em sala de aula por rede de ensino

Desvantagens apontadas pelos professores	Rede particular	Rede pública
Leva o aluno a preguiça mental, dependência e acomodação	13	15
Há ênfase nos resultados obtidos	03	04
O aluno não aprende outros processos de resolução	01	06
Não são definidos critérios de uso	02	01
Não é possível para analisar o processo de raciocínio utilizado pelo aluno	01	–
Não há desvantagens	01	–

Alguns professores também apontaram como desvantagem que o uso da calculadora pode enfatizar apenas a resposta de problemas e não o processo de resolução dos mesmos, pois, sob a ótica dos docentes, o uso da calculadora não possibilita a análise por parte do(a) professor(a) quanto ao raciocínio utilizado pelos alunos ao usarem máquinas de calcular.

Essas desvantagens relacionam-se com outra apontada – a de que o uso da calculadora pode ser proposto sem critérios bem definidos, ou seja, é preciso que o(a) professor(a) tenha clareza dos objetivos de utilização da máquina de calcular nas atividades por ele propostas com este recurso.

Evidencia-se, assim, que os professores não se sentem, ainda, seguros sobre formas de trabalhar a calculadora, de modo que não se inviabilize a aprendizagem de procedimentos de cálculo por parte dos alunos – sejam os desenvolvidos por cada um individualmente, sejam os socialmente transmitidos, como os algoritmos das quatro operações aritméticas. Os docentes também não se sentem seguros quanto a formas de acompanhar os procedimentos dos alunos ao usarem a calculadora. Constata-se, assim, que ainda não há clareza para os professores dos objetivos didáticos do uso da calculadora em sala de aula. Esta constatação é reforçada pelas afirmativas dos professores quanto à formação recebida para o uso da calculadora em sala de aula, discutidas a seguir.

Os professores se consideram preparados para o uso da calculadora em sala de aula?

As últimas questões colocadas para os professores buscaram verificar se o que eles sentem em relação ao uso da calculadora é de alguma forma influenciada pelas suas formações – inicial ou continuada (entendendo-se que a mesma se dá continuamente por meio não só de cursos nos quais participa, mas também em seus momentos de estudo, organização e vivência de aulas). As respostas dadas pelos professores podem ser observadas na Tabela 7, a seguir.

Tabela 7. Preparação para o uso de calculadoras em sala de aula por rede de ensino

Como os professores se sentem	Rede particular	Rede pública
Não se sentem seguros para usar a calculadora	15	18
Sentem-se seguros	–	02
Em sua formação, foram um pouco preparados	02	–

Sentem-se preparados pela escola onde atuam	01	–
Orientam-se pelo livro didático	02	–

A maioria dos professores das duas redes de ensino afirmou que não se sente segura em utilizar a calculadora como proposta didática em suas salas de aula. Apenas dois professores se posicionaram afirmando que sua formação os havia preparado suficientemente bem para este trabalho. Alguns poucos afirmaram que o preparo havia sido mínimo ou que a escola na qual atuam os haviam preparado para isso e dois professores julgaram que o livro didático os estava preparando para esse uso.

Observa-se, dessa forma, que o pouco uso da calculadora em sala de aula deve-se primordialmente à falta de segurança do(a) professor(a) sobre essa utilização, uma vez que em seus processos de formação, esta tem sido uma questão pouco abordada ou ausente. O depoimento de duas professoras que atuavam no 4.º ano da rede pública reforça esta dificuldade sentida pelos professores. Uma das professoras afirmou: "(A dificuldade é) o acesso ao recurso, sugestões de atividades mesmo. Talvez a gente não use tanto até por falta de orientação, falta de conhecimento de como utilizar de maneira diferenciada....(Os professores não estão preparados) justamente por não ter orientações e capacitações que abordem este recurso". Outra professora reforçou: "[...] nunca tive em nenhuma formação algo que falasse do uso de calculadoras. Acho que a calculadora ainda não é vista como um recurso didático em sala de aula". Outro professor destacou, ainda: "a orientação precisa ser bem dirigida... de acordo com a realidade. Tem hora que (o uso da calculadora) não se faz necessário, tem horas que se faz necessário e, assim, tem que ser bem adequado".

Quando, por outro lado, o(a) professor(a) é envolvido em atividades de formação sobre usos da calculadora, o(a) mesmo(a) se sente seguro em propor atividades em sua sala que todas as meninas da turma possuem aquela altura? Se não, o que representa a média obtida? Questionamentos semelhantes à outra turma e ao outro gênero também podem ser efetuados, na busca da compreensão por parte dos alunos do que representa a média aritmética como tendência central, ou seja, o valor que se teria se todos do grupo tivessem a mesma altura, neste caso em particular. Este é um possível uso da calculadora em um eixo distinto do de números e operações e no qual o uso desse recurso permite que os alunos concentrem suas atenções na exploração de conceitos específicos e não na realização de operações aritméticas por si só.

Os professores usam a calculadora quando recomendado pelo livro didático e planejam outras atividades além das recomendadas?

No levantamento efetuado, conforme pode ser observado na Tabela 4, constatou-se que quase todos os professores da rede particular afirmaram usar a calculadora em suas salas de aula quando a atividade proposta pelo livro didático adotado envolvia este recurso. Este dado parece incoerente com o apresentado na Tabela 1, na qual se observa que apenas três professores afirmaram utilizar a calculadora em suas salas de aula. Vale salientar que a primeira pergunta possibilitava que o(a) professor(a) espontaneamente afirmasse usar a calculadora. Além disso, pode-se aceitar que o que está apresentado nestas duas tabelas é verdadeiro, pois os professores pouco se lembram desse recurso e podem utilizá-lo muito poucas vezes pelo fato do livro didático fazer poucas proposições de atividades com esta ferramenta. No Capítulo 5 deste livro, será apresentada e discutida uma pesquisa sobre este aspecto – a proposta de atividades de uso da calculadora nos livros didáticos – e poderá ser observado que é verdadeira tal inferência.

Quanto à calculadora, um número muito reduzido de professores da escola pública afirmou realizar as atividades propostas pelos livros didáticos, que, além de serem provavelmente em pequena quantidade, alia-se a outras dificuldades específicas dessa rede de ensino para justificar o muito baixo uso desse recurso nas salas de aula públicas. Uma professora do 5.º ano de escolarização da rede pública afirmou: "A rede não tem (calculadoras)... Acho que muitos professores ainda têm preconceito de usar calculadora. Acham que a calculadora vai facilitar a vida do aluno. A maioria da rede não usa. Eu acredito que tem professor que vê a atividade proposta 'pra' calculadora no livro e manda ele (o aluno) fazer sem calculadora".

Tabela 4. Uso da calculadora quando solicitado no livro didático ou em atividades extras por rede de ensino

Questões colocadas aos professores	Rede particular	Rede pública
Quantos realizam as atividades propostas no livro?	19	05
Quantos promovem novas atividades?	09	03

Se os livros didáticos propuserem atividades diversificadas com a calculadora – seja variando os conteúdos abordados, seja diversificando o uso da calculadora (como manuseio de teclado, realização e conferência de cálculos e exploração conceitual, entre outros) – e orientarem os professores a respeito do propósito do uso da calculadora nessas atividades, é muito provável que os professores venham a realizar em suas salas de aula mais atividades utilizando esse recurso. Nessa direção, os manuais dos livros didáticos também deveriam trazer uma discussão maior sobre como a calculadora poderia ser utilizada em sala de aula, apresentando sugestões de atividades que pudessem ser desenvolvidas pelos professores de forma complementar às atividades propostas no livro didático.

Um número reduzido de professores da rede particular, e mais reduzido ainda da escola pública, afirmou que propõe outras atividades envolvendo a calculadora em suas salas – além das propostas pelos livros didáticos. Vale salientar que é preciso um excelente domínio dos usos didáticos da calculadora para que um(a) professor(a) possa propor uma

O que pensam professores sobre o uso da calculadora

atividade, seja para complementar um uso pouco frequente, seja para superar a ausência de atividades com a calculadora nas atividades propostas pelo livro didático adotado.

As atividades extras mais frequentemente listadas eram de compra e venda, como em simulações de mercadinhos nas quais os alunos comprariam e venderiam produtos, e realizariam cálculos de gastos e trocos com a calculadora, explorando, dessa forma, situações aditivas e multiplicativas. Uma professora do 4.º ano de escolarização da rede particular apontou, também, a possibilidade de realizar atividades interdisciplinares com o uso da calculadora. Ela afirmou que, junto com outros professores de sua escola, ela tinha aproveitado atividades de outras áreas – como Ciências Naturais – e realizado operações aritméticas utilizando a calculadora e os dados apresentados nestas outras áreas (como na comparação de tamanhos de diferentes animais).

Nos últimos capítulos deste livro, serão tratadas atividades desenvolvidas ou a serem propostas por professores dos anos iniciais em suas salas de aula utilizando-se a calculadora e poderão ser observados usos diversos deste recurso como ferramenta de ensino e de desenvolvimento conceitual de estudantes.

Quais as dificuldades apontadas pelos professores no uso da calculadora e possíveis ações para superação das mesmas?

Nesta questão, as respostas dadas pelos docentes foram diversas e pode-se observar, na Tabela 5, que as dificuldades apontadas pelos professores da rede particular eram de natureza diferente das apontadas pelos professores da rede pública.

Os professores da rede pública apontaram como maior dificuldade o acesso ao recurso. Apesar de calculadoras simples serem oferecidas no mercado a preços bem reduzidos, os professores desta rede consideram que os alunos não têm condição de adquirir este instrumento. Mesmo que seja verdadeira esta pressuposição, pode-se questionar se não é possível a própria rede planejar ações no sentido de equipar as escolas públicas

Tabela 5. Dificuldades encontradas com o uso de calculadoras em sala de aula por rede de ensino

Dificuldades apontadas pelos professores	Rede particular	Rede pública
Os alunos não têm acesso ao recurso	01	18
Os pais resistem ao uso da calculadora	07	01
Há uma diversidade de máquinas possuídas pelos alunos e diferentes manuseios destas	05	–
Nem todos os alunos trazem a calculadora quando solicitada	03	01
Os alunos querem realizar operações somente na calculadora	02	–
Os alunos querem brincar com a calculadora	02	–
O(a) professor(a) não tem orientação pedagógica para o uso da calculadora em sala de aula	–	01
Nenhuma dificuldade encontrada	02	–

com calculadoras em quantidades suficientes para um trabalho em suas salas de aula que envolva o uso desse recurso. O que possivelmente ocorre é que falta, por parte dos propositores de políticas públicas de ensino e gestores desta rede, uma maior conscientização da necessidade de utilizar a calculadora como recurso didático. Também devemos questionar, considerando os dados apresentados até o momento, se os professores, além de reconhecerem a importância da calculadora como recurso tecnológico presente no cotidiano, buscam realmente incentivar o seu uso na escola ou, também, estão inseguros sobre como explorar essa ferramenta na sala de aula. Dessa forma, pode ser uma atitude até certo ponto comodista atribuir a não utilização desse recurso à dificuldade de aquisição por parte dos alunos, sem buscar outras alternativas.

É certo, porém, que um trabalho com a calculadora pode envolver quantidades variadas desse recurso na sala de aula, de acordo com a atividade proposta – sendo uma para cada aluno, uma para cada dupla ou para cada grupo de alunos. Há também a possibilidade de, em algumas atividades, haver apenas uma calculadora na sala, que seria utilizada de forma coletiva. Se as mesmas forem adquiridas pela escola, não há necessidade de se considerar o número total de alunos da escola, mas sim a quantidade de turmas e a distribuição do horário de uso das calculadoras pelas diferentes turmas.

De modo diferente, os professores da rede particular consideraram o recurso acessível a seus alunos, mas apontaram a resistência dos pais e a diversidade de máquinas de calcular, seus manuseios diversificados e o não trazer o instrumento quando solicitado como maiores dificultadores ao uso da calculadora em sala de aula. Dessa forma, ações se tornam necessárias no sentido de superar estas dificuldades, tais como reuniões com pais para discutir usos pedagógicos das máquinas de calcular, a solicitação de aquisição – pelos pais ou pela escola – de modelos similares de calculadoras para facilitar a realização de trabalhos em sala de aula e viabilizar a presença do recurso (seja informando aos pais os dias de uso da calculadora, seja providenciando um espaço de armazenamento das máquinas).

Os professores da rede particular também apontaram que o uso da calculadora pode 'viciar' os alunos ou distrair os mesmos, levando-os a brincadeiras ao invés de se concentrarem nas atividades propostas. Estas dificuldades relacionam-se, de certa forma, à falta de orientação pedagógica de como se pode trabalhar com a calculadora, apontada por um professor da rede pública. Se os professores tiverem segurança quanto a formas adequadas de se trabalhar com a calculadora, não haverá o risco dos alunos não aprenderem a realizar cálculos por outros meios e as atividades propostas envolverão os alunos a tal ponto que não haverá a tendência de se distraírem.

Quais as desvantagens do uso da calculadora em sala de aula segundo os professores?

Como se pode observar na Tabela 6, os professores da rede particular e da rede pública de ensino concordam no que diz respeito à principal desvantagem do uso da calculadora em sala de aula. Os docentes apontam que esse uso pode levar o aluno a depender da máquina e não se esforçar em realizar corretamente cálculos necessários à resolução de problemas.

Tabela 6. Desvantagens de usar
a calculadora em sala de aula por rede de ensino

Desvantagens apontadas pelos professores	Rede particular	Rede pública
Leva o aluno a preguiça mental, dependência e acomodação	13	15
Há ênfase nos resultados obtidos	03	04
O aluno não aprende outros processos de resolução	01	06
Não são definidos critérios de uso	02	01
Não é possível para analisar o processo de raciocínio utilizado pelo aluno	01	–
Não há desvantagens	01	–

Alguns professores também apontaram como desvantagem que o uso da calculadora pode enfatizar apenas a resposta de problemas e não o processo de resolução dos mesmos, pois, sob a ótica dos docentes, o uso da calculadora não possibilita a análise por parte do(a) professor(a) quanto ao raciocínio utilizado pelos alunos ao usarem máquinas de calcular.

Essas desvantagens relacionam-se com outra apontada – a de que o uso da calculadora pode ser proposto sem critérios bem definidos, ou seja, é preciso que o(a) professor(a) tenha clareza dos objetivos de utilização da máquina de calcular nas atividades por ele propostas com este recurso.

Evidencia-se, assim, que os professores não se sentem, ainda, seguros sobre formas de trabalhar a calculadora, de modo que não se inviabilize a aprendizagem de procedimentos de cálculo por parte dos alunos – sejam os desenvolvidos por cada um individualmente, sejam os socialmente transmitidos, como os algoritmos das quatro operações aritméticas. Os docentes também não se sentem seguros quanto a formas de acompanhar os procedimentos dos alunos ao usarem a calculadora. Constata-se, assim, que ainda não há clareza para os professores dos objetivos didáticos do uso da calculadora em sala de aula. Esta constatação é reforçada pelas afirmativas dos professores quanto à formação recebida para o uso da calculadora em sala de aula, discutidas a seguir.

Os professores se consideram preparados para o uso da calculadora em sala de aula?

As últimas questões colocadas para os professores buscaram verificar se o que eles sentem em relação ao uso da calculadora é de alguma forma influenciada pelas suas formações – inicial ou continuada (entendendo-se que a mesma se dá continuamente por meio não só de cursos nos quais participa, mas também em seus momentos de estudo, organização e vivência de aulas). As respostas dadas pelos professores podem ser observadas na Tabela 7, a seguir.

Tabela 7. Preparação para o uso de
calculadoras em sala de aula por rede de ensino

Como os professores se sentem	Rede particular	Rede pública
Não se sentem seguros para usar a calculadora	15	18
Sentem-se seguros	–	02
Em sua formação, foram um pouco preparados	02	–

Sentem-se preparados pela escola onde atuam	01	–
Orientam-se pelo livro didático	02	–

A maioria dos professores das duas redes de ensino afirmou que não se sente segura em utilizar a calculadora como proposta didática em suas salas de aula. Apenas dois professores se posicionaram afirmando que sua formação os havia preparado suficientemente bem para este trabalho. Alguns poucos afirmaram que o preparo havia sido mínimo ou que a escola na qual atuam os haviam preparado para isso e dois professores julgaram que o livro didático os estava preparando para esse uso.

Observa-se, dessa forma, que o pouco uso da calculadora em sala de aula deve-se primordialmente à falta de segurança do(a) professor(a) sobre essa utilização, uma vez que em seus processos de formação, esta tem sido uma questão pouco abordada ou ausente. O depoimento de duas professoras que atuavam no 4.º ano da rede pública reforça esta dificuldade sentida pelos professores. Uma das professoras afirmou: "(A dificuldade é) o acesso ao recurso, sugestões de atividades mesmo. Talvez a gente não use tanto até por falta de orientação, falta de conhecimento de como utilizar de maneira diferenciada....(Os professores não estão preparados) justamente por não ter orientações e capacitações que abordem este recurso". Outra professora reforçou: "[...] nunca tive em nenhuma formação algo que falasse do uso de calculadoras. Acho que a calculadora ainda não é vista como um recurso didático em sala de aula". Outro professor destacou, ainda: "a orientação precisa ser bem dirigida... de acordo com a realidade. Tem hora que (o uso da calculadora) não se faz necessário, tem horas que se faz necessário e, assim, tem que ser bem adequado".

Quando, por outro lado, o(a) professor(a) é envolvido em atividades de formação sobre usos da calculadora, o(a) mesmo(a) se sente seguro em propor atividades em sua sala

> gente errar, é ponto para a calculadora e, se a gente acertar, é ponto para a gente.
>
> Pesquisadora: Como vocês sabem o que tem que fazer na calculadora?
>
> Aluna: Fazendo a mesma continha na calculadora.
>
> Pesquisadora: E quando não usou a conta para resolver? Se usou outro jeito...
>
> Aluna: A gente confere com a professora que está certo o resultado e tem que fazer na calculadora. Tem que ver que conta vai usar, que podia resolver também o problema.

Mais uma vez observamos o papel do jogo nas aulas de Matemática. É interessante, neste extrato de fala acima, que além de ser utilizada para conferir os cálculos realizados, a calculadora também permite aos alunos *buscar relações entre as estratégias espontâneas e o uso de algoritmos*. Esta relação entre diferentes formas de representar e resolver os problemas tem sido bastante estimulada por diferentes pesquisadores na área de Educação Matemática e ganha espaço nesta sala de aula a partir de uma atividade envolvendo o uso da calculadora.

A tecla quebrada: o que fazer? O que refletir?

Qual o objetivo de ter uma tecla quebrada na calculadora? É um artifício interessante afirmar que não se pode utilizar determinada tecla, pois leva os alunos a pensarem sobre relações numéricas, pensarem sobre que operações podem ser realizadas para substituir a operação que deveria ser feita, caso a tecla não tivesse quebrada. Este tipo de atividade é frequente em livros didáticos e também foi comum na sala de aula. Nesta, bem como em outras atividades, os alunos podiam trabalhar em duplas ou individualmente. A seguir, apresentamos um exemplo de atividade de tecla quebrada que foi trabalhado em sala de aula.

> Professora: A gente vai começar o trabalho hoje assim: vamos imaginar que a tecla seis da calculadora de vocês está quebrada!
>
> Aluno: Quebrada?!
>
> Professora: Não vale dizer que vai pegar a do vizinho ou que vai mandar consertar. Não vale! Tá quebrada e quebradíssima!
>
> Professora: Vocês com o papel e lápis também. Eu quero que vocês resolvam essas operações aqui e depois a gente vai trabalhar no quadro e vai mostrar como fez.
>
> ⇒ A professora escreve no quadro:
>
> a) 36 x 298   b) 5.062 - 978   c) 5.387 + 2.666

As crianças discutiram entre si as possibilidades para resolverem os problemas. É interessante que as crianças resolviam tanto com a calculadora como fazendo o algoritmo no papel. Ficavam bastante satisfeitos quando comparavam o cálculo do papel com o resultado da calculadora e era o mesmo. Neste exemplo, observamos que a professora também estimulava a comparação entre a resolução na calculadora e com o algoritmo, incentivando a comparação entre diferentes tipos de representações. A importância deste aspecto pode ser mais aprofundada lendo-se Vergnaud (1987) e Duval (2003).

Após alguns minutos, os alunos foram ao quadro responder às questões. Vamos ver como resolveram a letra (a):

> a) 36 x 298
>
> Aluno 1 (Breno) – 4 x 9 = 36 x 298 = 10.728
>
> Aluno 2 (Pedro) – 3 x 2 + 30 x 298 = 10.728
>
> Aluno 3 (Bárbara) – 35 + 1= 36 x 298 = 10.728

> Professora: Em primeiro lugar, os resultados foram os mesmos?
>
> Alunos: Foi !!
>
> Breno: É simples o que a gente fez...Trinta e seis a gente viu que é tabuada de quatro, certo! A gente multiplicou por nove, quatro vezes nove igual a trinta e seis e multiplicou por duzentos e noventa e oito e deu dez mil setecentos e vinte e oito.
>
> Professora: Vocês não utilizaram o número seis, mas encontraram trinta e seis. Tá correto?
>
> Alunos: Tá!
>
> Professora: Agora o Pedro!
>
> Pedro: Como a tecla seis estava quebrada, três vezes dois era seis. Aí a gente fez a conta e fez mais trinta que deu trinta e seis e multiplicou por duzentos e noventa e oito que deu o mesmo resultado de cima.
>
> Professora: Tá correta a dele?
>
> Alunos: Tá!!!
>
> Professora: Bárbara!
>
> Bárbara: Eu fiz trinta e cinco mais um, que dá trinta e seis, aí vezes duzentos e noventa e oito e deu dez mil setecentos e vinte e oito!
>
> Professora: Alguém fez diferente da que estão no quadro?
>
> Gustavo escreve no quadro:
>
> 30 + 3 +3 = 36 x 298 = 10.728

A professora chama a atenção para o fato de que diferentes formas de resolver foram possíveis e que foram utilizados conhecimentos que eles já possuíam sobre as operações. A valorização das estratégias dos alunos possibilitou um momento rico de exposição. Vale à pena salientar que, nas expressões, os alunos usavam a igualdade para mostrar o resultado da operação realizada (30 + 3 + 3 = 36), entretanto, em seguida, incluíam outra operação, de forma que o uso da igualdade ficava inadequado (30 + 3 + 3 = 36 x 298). Este aspecto poderia também ser enfocado pelo professor, aproveitando o momento. Entretanto, este procedimento econômico, ainda que merecesse reflexão por parte do professor, não impossibilitou que as crianças refletissem sobre diferentes formas de expressarem números.

Parênteses, colchetes e chaves: por que e como usá-los?

Também podemos analisar como o trabalho com expressões matemáticas envolvendo as quatro operações pode ser estimulado usando-se a calculadora. Neste caso, além de se explorar o teclado da calculadora, o aluno é solicitado a resolver cálculos e conferir a importância da existência dos parênteses, dos colchetes e das chaves.

Apesar de todos nós termos aprendido que primeiro se resolve os parêntese, depois os colchetes e depois as chaves, muitas vezes apenas nos deparamos com nossos erros em avaliações, mas nunca realmente vimos o que mudava nos resultados obtidos.

Professora: Breno está chamando a atenção para uma coisa muito importante. Se isso aqui (aponta para a resposta de Pedro, que foi 3 x 2 + 30 x 298 = 10.728) precisa usar parênteses, né Breno?

Professora: Agora... o que precisa fazer? Vem Breno!

⇒ Breno foi ao quadro e refez a segunda letra, escrevendo no quadro:

(3 x 2 + 30) x 298 = 10.728

Professora: Observem o que Breno está fazendo!

Aluno: Ele botou parêntese... dois vezes três...Três vezes dois mais trinta para depois multiplicar o duzentos e noventa e oito.

Professora: O resultado seria igual sem o parêntese?

Aluno: Seria!

> Professora: Então façam para ver se dá igual!
>
> Aluna: Daria um resultado diferente!
>
> Professora: Ah, gente! Isso faz parte de expressão matemática e tem que seguir uma ordem!

O resultado da expressão resolvida por Breno deu 10.728, entretanto, se não tivesse o parêntese, seu resultado seria diferente, pois outra convenção matemática estabelece que primeiro sejam resolvidas as multiplicações e as divisões, e depois as adições e as subtrações. Dessa forma, a expressão seria resolvida assim: 3 x 2 = 6 e 30 x 298 = 8.940. O resultado seria a adição de 6 e 8.940, tendo como resultado 8.946. É importante que estas convenções fiquem claras para os alunos e que as diferenças de resultado possam ser comparadas em sala de aula.

Na aula seguinte, a professora propôs uma *atividade com a calculadora envolvendo expressões numéricas,* que vinha sendo trabalhada em sala de aula durante a semana sem a calculadora. É interessante que inicialmente ela compara a resolução no papel com a resolução na calculadora, provocando uma discussão sobre a importância dos parênteses na resolução de expressões e, ao mesmo tempo, possibilitando um espaço para a introdução do uso das teclas de memória na calculadora que surge a partir do próprio interesse das crianças. Vejamos o seguinte trecho desta aula:

> Professora: Vejam: eu queria que vocês pensassem quanto é que dá essa expressão numérica aqui!
>
> a) (3 + 7) x 2 =
>
> Aluno: É muito fácil!
>
> Professora: Quanto dá?
>
> Aluno: Vinte! Sete mais três, dez vezes dois é vinte!

> Professora: Agora faça isso na calculadora!
>
> Aluna: Não vai dar porque não tem parênteses!
>
> Professora: Tentem, vejam o que acontece!
>
> Os alunos tentam fazer na calculadora. Vários alunos dizem que o resultado foi vinte.
>
> Professora: Por que deu certo?
>
> Aluno: Porque aqui você botou o parêntese logo na primeira e a tendência é fazer logo a primeira.
>
> b) $3 + 7 \times 2 =$
>
> Professora: Quanto dá essa sem calculadora?
>
> Aluno: Vai dar dezessete!
>
> Professora: Façam agora na calculadora pra ver!
>
> Aluno: Vinte!
>
> Professora: Porque não deu o dezessete como deveria?
>
> Aluno: Ela (a calculadora) faz nessa ordem que tá escrita.
>
> Professora: Ela faz nessa ordem.

No extrato anterior, observamos também a proposta de se comparar a resolução no papel com a proporcionada pela calculadora. Desta forma, a calculadora não é vista como sendo sempre correta, mas sendo executora de ações do aluno, que é quem decide o que será realizado. O mais interessante é levar os alunos a explorarem a própria ferramenta e seu uso.

No encontro seguinte, a professora dá continuidade ao *trabalho com expressões, discutindo as regras na resolução das mesmas e explorando o uso da calculadora.*

> A professora vai ao quadro e coloca: $16 + 4 \times 4 \div 16 =$
>
> Alguns alunos encontram 5 e outros 17 como resultado.

> Professora: Então bora lá! André vai fazer pra gente ver!
>
> Resolução de André:
>
> 16 + 16 ÷ 16
>
> 16 + 1 = 17
>
> Professora: E aí gente, o resultado está certo?
>
> Professora: Quem achou cinco, por que será que achou cinco?
>
> Aluno: Porque fez a conta errado na calculadora! Fez a soma.
>
> Professora: Fez primeiro a soma...
>
> Aluno: Multiplicação e divisões ... depois soma e subtrações, depois o resultado!

É interessante, como mencionamos anteriormente, que as crianças, ao trabalharem com a calculadora, também vão rediscutindo as regras das expressões numéricas, percebendo que se infringirem algumas dessas regras, o resultado não será correto. Dessa forma, as regras vão sendo relembradas durante as aulas. As crianças têm espaço para resolverem e discutirem suas estratégias com os demais alunos, construindo um ambiente rico de aprendizagens. Em entrevista posterior às observações em sala de aula, a professora chamou a atenção para a importância de não se desconectar o trabalho com a calculadora, dos conteúdos que vêm sendo assunto das outras aulas durante a semana. Ela disse: "a gente usa a calculadora em todos os momentos..., por exemplo, trabalhei com expressão numérica, que é o assunto que a gente estava trabalhando naquele momento. Meu objetivo era que eles (os alunos) percebessem que existe uma ordem na resolução, aliado à aprendizagem do uso das teclas de memória da calculadora".

Calculando e resolvendo problemas

Em alguns momentos, também a calculadora foi solicitada como *ferramenta de cálculo com o objetivo de agilizar a resolução das contas*. Vejamos o exemplo que se segue.

> Professora: Vê só, uma fábrica de camisas produziu numa semana umas camisas bem modernas e em uma semana elas fizeram quatro mil e quatrocentos e trinta e oito...
>
> Aluno: Quatro mil o quê?
>
> Aluno: Quatrocentos e trinta e oito!
>
> Professora: Uma semana... se ela continuar fazendo esse mesmo valor por semana em um mês, quantas camisas ela vai fazer?
>
> Aluno 1: Ai, calculadora! Cento e trinta, não...treze mil trezentos e quatorze! (usando a calculadora)
>
> Aluna: Treze mil trezentos e quatorze!
>
> Aluno 2: Quatro mil quatrocentos e trinta e oito vezes...
>
> Professora: São 30 dias! Um mês.
>
> Aluno 3: Dezessete mil setecentos e cinquenta e dois, o meu deu isso!
>
> Aluno 2: Já sei! Quatro mil quatrocentos e trinta e oito vezes quatro, dá dezessete mil setecentos e cinquenta e dois, então!

Notamos que a calculadora, neste caso, possibilitou maior agilidade na resolução de contas que seriam difíceis se fossem resolvidas no papel. Assim, sem precisarem se preocupar com o cálculo das operações, os alunos podem refletir melhor sobre as relações envolvidas nos problemas. Um diálogo na sala de aula mostra que os alunos também percebem este tipo de vantagem ao usarem a calculadora em problemas que exigem cálculos mais complexos.

> A professora (após corrigir uma atividade para encontrar os divisores de dois números) tem a seguinte conversa com os alunos:
>
> Professora: Eu quero fazer uma pergunta!
>
> Professora: Para fazer esse tipo de raciocínio é mais fácil com a calculadora ou sem a calculadora?
>
> Alunos: Calculadora!!

> gente errar, é ponto para a calculadora e, se a gente acertar, é ponto para a gente.
>
> Pesquisadora: Como vocês sabem o que tem que fazer na calculadora?
>
> Aluna: Fazendo a mesma continha na calculadora.
>
> Pesquisadora: E quando não usou a conta para resolver? Se usou outro jeito...
>
> Aluna: A gente confere com a professora que está certo o resultado e tem que fazer na calculadora. Tem que ver que conta vai usar, que podia resolver também o problema.

Mais uma vez observamos o papel do jogo nas aulas de Matemática. É interessante, neste extrato de fala acima, que além de ser utilizada para conferir os cálculos realizados, a calculadora também permite aos alunos *buscar relações entre as estratégias espontâneas e o uso de algoritmos*. Esta relação entre diferentes formas de representar e resolver os problemas tem sido bastante estimulada por diferentes pesquisadores na área de Educação Matemática e ganha espaço nesta sala de aula a partir de uma atividade envolvendo o uso da calculadora.

A tecla quebrada: o que fazer? O que refletir?

Qual o objetivo de ter uma tecla quebrada na calculadora? É um artifício interessante afirmar que não se pode utilizar determinada tecla, pois leva os alunos a pensarem sobre relações numéricas, pensarem sobre que operações podem ser realizadas para substituir a operação que deveria ser feita, caso a tecla não tivesse quebrada. Este tipo de atividade é frequente em livros didáticos e também foi comum na sala de aula. Nesta, bem como em outras atividades, os alunos podiam trabalhar em duplas ou individualmente. A seguir, apresentamos um exemplo de atividade de tecla quebrada que foi trabalhado em sala de aula.

> Professora: A gente vai começar o trabalho hoje assim: vamos imaginar que a tecla seis da calculadora de vocês está quebrada!
>
> Aluno: Quebrada?!
>
> Professora: Não vale dizer que vai pegar a do vizinho ou que vai mandar consertar. Não vale! Tá quebrada e quebradíssima!
>
> Professora: Vocês com o papel e lápis também. Eu quero que vocês resolvam essas operações aqui e depois a gente vai trabalhar no quadro e vai mostrar como fez.
>
> ⇒ A professora escreve no quadro:
>
> a) 36 x 298   b) 5.062 - 978   c) 5.387 + 2.666

As crianças discutiram entre si as possibilidades para resolverem os problemas. É interessante que as crianças resolviam tanto com a calculadora como fazendo o algoritmo no papel. Ficavam bastante satisfeitos quando comparavam o cálculo do papel com o resultado da calculadora e era o mesmo. Neste exemplo, observamos que a professora também estimulava a comparação entre a resolução na calculadora e com o algoritmo, incentivando a comparação entre diferentes tipos de representações. A importância deste aspecto pode ser mais aprofundada lendo-se Vergnaud (1987) e Duval (2003).

Após alguns minutos, os alunos foram ao quadro responder às questões. Vamos ver como resolveram a letra (a):

> a) 36 x 298
>
> Aluno 1 (Breno) – 4 x 9 = 36 x 298 = 10.728
>
> Aluno 2 (Pedro) – 3 x 2 + 30 x 298 = 10.728
>
> Aluno 3 (Bárbara) – 35 + 1= 36 x 298 = 10.728

Professora: Em primeiro lugar, os resultados foram os mesmos?

Alunos: Foi!!

Breno: É simples o que a gente fez...Trinta e seis a gente viu que é tabuada de quatro, certo! A gente multiplicou por nove, quatro vezes nove igual a trinta e seis e multiplicou por duzentos e noventa e oito e deu dez mil setecentos e vinte e oito.

Professora: Vocês não utilizaram o número seis, mas encontraram trinta e seis. Tá correto?

Alunos: Tá!

Professora: Agora o Pedro!

Pedro: Como a tecla seis estava quebrada, três vezes dois era seis. Aí a gente fez a conta e fez mais trinta que deu trinta e seis e multiplicou por duzentos e noventa e oito que deu o mesmo resultado de cima.

Professora: Tá correta a dele?

Alunos: Tá!!!

Professora: Bárbara!

Bárbara: Eu fiz trinta e cinco mais um, que dá trinta e seis, aí vezes duzentos e noventa e oito e deu dez mil setecentos e vinte e oito!

Professora: Alguém fez diferente da que estão no quadro?

Gustavo escreve no quadro:

$30 + 3 + 3 = 36 \times 298 = 10.728$

A professora chama a atenção para o fato de que diferentes formas de resolver foram possíveis e que foram utilizados conhecimentos que eles já possuíam sobre as operações. A valorização das estratégias dos alunos possibilitou um momento rico de exposição. Vale à pena salientar que, nas expressões, os alunos usavam a igualdade para mostrar o resultado da operação realizada (30 + 3 + 3 = 36), entretanto, em seguida, incluíam outra

Coleção "Tendências em Educação Matemática"

operação, de forma que o uso da igualdade ficava inadequado (30 + 3 + 3 = 36 x 298). Este aspecto poderia também ser enfocado pelo professor, aproveitando o momento. Entretanto, este procedimento econômico, ainda que merecesse reflexão por parte do professor, não impossibilitou que as crianças refletissem sobre diferentes formas de expressarem números.

Parênteses, colchetes e chaves: por que e como usá-los?

Também podemos analisar como o trabalho com expressões matemáticas envolvendo as quatro operações pode ser estimulado usando-se a calculadora. Neste caso, além de se explorar o teclado da calculadora, o aluno é solicitado a resolver cálculos e conferir a importância da existência dos parênteses, dos colchetes e das chaves.

Apesar de todos nós termos aprendido que primeiro se resolve os parêntese, depois os colchetes e depois as chaves, muitas vezes apenas nos deparamos com nossos erros em avaliações, mas nunca realmente vimos o que mudava nos resultados obtidos.

Professora: Breno está chamando a atenção para uma coisa muito importante. Se isso aqui (aponta para a resposta de Pedro, que foi 3 x 2 + 30 x 298 = 10.728) precisa usar parênteses, né Breno?

Professora: Agora... o que precisa fazer? Vem Breno!

⇒ Breno foi ao quadro e refez a segunda letra, escrevendo no quadro:
(3 x 2 + 30) x 298 = 10.728

Professora: Observem o que Breno está fazendo!

Aluno: Ele botou parêntese... dois vezes três...Três vezes dois mais trinta para depois multiplicar o duzentos e noventa e oito.

Professora: O resultado seria igual sem o parêntese?

Aluno: Seria!

> Professora: Então façam para ver se dá igual!
>
> Aluna: Daria um resultado diferente!
>
> Professora: Ah, gente! Isso faz parte de expressão matemática e tem que seguir uma ordem!

O resultado da expressão resolvida por Breno deu 10.728, entretanto, se não tivesse o parêntese, seu resultado seria diferente, pois outra convenção matemática estabelece que primeiro sejam resolvidas as multiplicações e as divisões, e depois as adições e as subtrações. Dessa forma, a expressão seria resolvida assim: $3 \times 2 = 6$ e $30 \times 298 = 8.940$. O resultado seria a adição de 6 e 8.940, tendo como resultado 8.946. É importante que estas convenções fiquem claras para os alunos e que as diferenças de resultado possam ser comparadas em sala de aula.

Na aula seguinte, a professora propôs uma *atividade com a calculadora envolvendo expressões numéricas*, que vinha sendo trabalhada em sala de aula durante a semana sem a calculadora. É interessante que inicialmente ela compara a resolução no papel com a resolução na calculadora, provocando uma discussão sobre a importância dos parênteses na resolução de expressões e, ao mesmo tempo, possibilitando um espaço para a introdução do uso das teclas de memória na calculadora que surge a partir do próprio interesse das crianças. Vejamos o seguinte trecho desta aula:

> Professora: Vejam: eu queria que vocês pensassem quanto é que dá essa expressão numérica aqui!
>
> a) $(3 + 7) \times 2 =$
>
> Aluno: É muito fácil!
>
> Professora: Quanto dá?
>
> Aluno: Vinte! Sete mais três, dez vezes dois é vinte!

> Professora: Agora faça isso na calculadora!
>
> Aluna: Não vai dar porque não tem parênteses!
>
> Professora: Tentem, vejam o que acontece!
>
> Os alunos tentam fazer na calculadora. Vários alunos dizem que o resultado foi vinte.
>
> Professora: Por que deu certo?
>
> Aluno: Porque aqui você botou o parêntese logo na primeira e a tendência é fazer logo a primeira.
>
> b) $3 + 7 \times 2 =$
>
> Professora: Quanto dá essa sem calculadora?
>
> Aluno: Vai dar dezessete!
>
> Professora: Façam agora na calculadora pra ver!
>
> Aluno: Vinte!
>
> Professora: Porque não deu o dezessete como deveria?
>
> Aluno: Ela (a calculadora) faz nessa ordem que tá escrita.
>
> Professora: Ela faz nessa ordem.

No extrato anterior, observamos também a proposta de se comparar a resolução no papel com a proporcionada pela calculadora. Desta forma, a calculadora não é vista como sendo sempre correta, mas sendo executora de ações do aluno, que é quem decide o que será realizado. O mais interessante é levar os alunos a explorarem a própria ferramenta e seu uso.

No encontro seguinte, a professora dá continuidade ao *trabalho com expressões, discutindo as regras na resolução das mesmas e explorando o uso da calculadora.*

> A professora vai ao quadro e coloca: $16 + 4 \times 4 \div 16 =$
>
> Alguns alunos encontram 5 e outros 17 como resultado.

Usando a calculadora em sala de aula

> Professora: Então bora lá! André vai fazer pra gente ver!
>
> Resolução de André:
>
> 16 + 16 ÷ 16
>
> 16 + 1 = 17
>
> Professora: E aí gente, o resultado está certo?
>
> Professora: Quem achou cinco, por que será que achou cinco?
>
> Aluno: Porque fez a conta errado na calculadora! Fez a soma.
>
> Professora: Fez primeiro a soma...
>
> Aluno: Multiplicação e divisões ... depois soma e subtrações, depois o resultado!

É interessante, como mencionamos anteriormente, que as crianças, ao trabalharem com a calculadora, também vão rediscutindo as regras das expressões numéricas, percebendo que se infringirem algumas dessas regras, o resultado não será correto. Dessa forma, as regras vão sendo relembradas durante as aulas. As crianças têm espaço para resolverem e discutirem suas estratégias com os demais alunos, construindo um ambiente rico de aprendizagens. Em entrevista posterior às observações em sala de aula, a professora chamou a atenção para a importância de não se desconectar o trabalho com a calculadora, dos conteúdos que vêm sendo assunto das outras aulas durante a semana. Ela disse: "a gente usa a calculadora em todos os momentos..., por exemplo, trabalhei com expressão numérica, que é o assunto que a gente estava trabalhando naquele momento. Meu objetivo era que eles (os alunos) percebessem que existe uma ordem na resolução, aliado à aprendizagem do uso das teclas de memória da calculadora".

Calculando e resolvendo problemas

Em alguns momentos, também a calculadora foi solicitada como *ferramenta de cálculo com o objetivo de agilizar a resolução das contas*. Vejamos o exemplo que se segue.

> Professora: Vê só, uma fábrica de camisas produziu numa semana umas camisas bem modernas e em uma semana elas fizeram quatro mil e quatrocentos e trinta e oito...
>
> Aluno: Quatro mil o quê?
>
> Aluno: Quatrocentos e trinta e oito!
>
> Professora: Uma semana... se ela continuar fazendo esse mesmo valor por semana em um mês, quantas camisas ela vai fazer?
>
> Aluno 1: Ai, calculadora! Cento e trinta, não...treze mil trezentos e quatorze! (usando a calculadora)
>
> Aluna: Treze mil trezentos e quatorze!
>
> Aluno 2: Quatro mil quatrocentos e trinta e oito vezes...
>
> Professora: São 30 dias! Um mês.
>
> Aluno 3: Dezessete mil setecentos e cinquenta e dois, o meu deu isso!
>
> Aluno 2: Já sei! Quatro mil quatrocentos e trinta e oito vezes quatro, dá dezessete mil setecentos e cinquenta e dois, então!

Notamos que a calculadora, neste caso, possibilitou maior agilidade na resolução de contas que seriam difíceis se fossem resolvidas no papel. Assim, sem precisarem se preocupar com o cálculo das operações, os alunos podem refletir melhor sobre as relações envolvidas nos problemas. Um diálogo na sala de aula mostra que os alunos também percebem este tipo de vantagem ao usarem a calculadora em problemas que exigem cálculos mais complexos.

> A professora (após corrigir uma atividade para encontrar os divisores de dois números) tem a seguinte conversa com os alunos:
>
> Professora: Eu quero fazer uma pergunta!
>
> Professora: Para fazer esse tipo de raciocínio é mais fácil com a calculadora ou sem a calculadora?
>
> Alunos: Calculadora!!

Usando a calculadora em sala de aula

> Professora: Em que a calculadora ajuda nessa hora ?
>
> Aluno: A dividir números grandes!
>
> Professora: E no raciocínio?
>
> Aluno: Fica mais rápido!
>
> Professora: Faz o trabalho ficar mais rápido! Por quê?
>
> Professora: Qual meu interesse aqui? Era saber se a conta era exata e não sobrava nada!
>
> Professora: E quem pensou, foi a calculadora ou fui eu?
>
> Aluno: A calculadora!
>
> Professora: A calculadora?!
>
> Aluno: Os dois!
>
> Alunos: Os dois, professora!! A gente pensa, a calculadora resolve!
>
> Professora: Nós pensamos e a máquina ... só...
>
> Aluno: Ajudou!
>
> Professora: Ajudou a fazer mais rápido!

É interessante que os alunos ficaram com a clareza de que a calculadora é apenas uma ferramenta ágil para as decisões que eles tomarem, ou seja, a calculadora amplia as suas possibilidades de atuação.

A professora afirmou ainda, na entrevista realizada após a observação das aulas, que considera que várias habilidades estão sendo desenvolvidas a partir do uso da calculadora: "... a grande vantagem de usar é levar o aluno a testar hipóteses, fazer estimativas, agilizar os cálculos... Muita gente briga para não ter calculadora, o aluno não vai aprender mais o algoritmo...Eu acho que a gente está pressionado pela sociedade, utilizando a calculadora menos do que deveria... Em casa, eu mesmo uso o tempo inteiro na correção das provas, fazer as médias, as notas... no supermercado mesmo, ninguém vai para o lápis e papel fazer continhas para ver quanto vai gastar, usa a estimativa, a calculadora".

COLEÇÃO "TENDÊNCIAS EM EDUCAÇÃO MATEMÁTICA"

A fala desta professora reforça questões colocadas no Capítulo II ao afirmar que não se pode deixar de trabalhar com a calculadora, que é uma ferramenta extremamente utilizada no dia a dia das pessoas, pois ela consegue perceber que é falsa a afirmativa de que o uso desta ferramenta limita o desenvolvimento matemático dos alunos, mas, ao contrário, aponta para habilidades desenvolvidas pelos alunos ao usarem a calculadora.

Explorando e discutindo sobre os números: o cálculo mental

Outra situação interessante é que, na calculadora, ao se digitar repetidamente o sinal de igualdade após uma operação (por exemplo 5 + 2= = =), ela repete a adição da segunda parcela o número de vezes que digitamos o sinal de igual após obtermos o resultado. Assim, no exemplo dado, ficaria 5 + 2 = 7, ao repetir a digitação da igualdade, será realizada a operação 7 + 2, então o resultado é 9 e, ao digitar a igualdade de novo, seria como se fizesse 9 + 2, resultado 11. Para acompanhar o cálculo e conferir o resultado obtido, as crianças precisam realizar mentalmente as operações.

Outra atividade é solicitar às crianças que criem uma operação que chegue a um determinado número dado pelo professor. Neste caso, as crianças devem realizar cálculos mentais para descobrirem possibilidades de operações numéricas. A calculadora permite que elas testem suas hipóteses rapidamente, focalizando atenção nas operações possíveis que atinjam o valor solicitado pelo professor. Neste caso, a calculadora realiza cálculos com o objetivo de confirmar hipóteses.

Solicitar aos alunos que façam determinadas operações na calculadora, como 100 mais 30 mais 2, pode também ajudá-los a refletirem sobre os princípios que regem a escrita dos números, favorecendo a compreensão do valor posicional no SND. As crianças veriam que se escreve 132 e não 100302, tipo de escrita numérica comum entre crianças que, apesar de reconhecerem o princípio aditivo do Sistema de Numeração Decimal, ainda apresentam dificuldades na compreensão do valor posicional.

66

Trabalhando com diferentes representações do resto da divisão

Uma atividade que também pode ser realizada com o uso da calculadora é comparar resultados obtidos na divisão com resto diferente de zero realizada no papel com os resultados obtidos na calculadora. Esta atividade possibilita aos estudantes compararem o resto enquanto inteiro com sua representação decimal e discutirem as diferentes representações numéricas. Vejamos um exemplo extraído do estudo de Selva e Borba (2005) e descrito em Selva (2009).

Exemplo: 13 morangos divididos para 4 sobrinhos
Resolvendo na calculadora:
C: Botei treze dividido por quatro, deu três e vinte e cinco.
E: Quantos morangos cada sobrinho vai receber?
C: Três.
E: Este vinte e cinco, você acha que é o que?
C: Metade.

No papel:
C: (Faz o algoritmo e também desenha quatro pratos (um para cada sobrinho) e vai colocando três em cada prato. Um dos pratos fica com quatro).
E: Como você fez?
C: Eu dividi treze por quatro.
E: Como foi esse problema na calculadora?
C: Deu diferente porque aqui (papel) deu três e sobrou um. Aqui (na calculadora) deu três e vinte e cinco.
E: Você acha que esse vinte e cinco é o que?
C: Metade do outro um que sobrou.

Observamos que, ainda que a criança não tenha interpretado adequadamente o significado do resto em sua representação decimal, ela já compreende que este número representa a divisão do resto obtido na divisão. Muitas crianças, inclusive, ao desenharem o resto e subdividi-lo novamente, percebem que o decimal significa a divisão daquele inteiro que sobrou. Este tipo de discussão

COLEÇÃO "TENDÊNCIAS EM EDUCAÇÃO MATEMÁTICA"

matemática enriquece a compreensão das crianças e dá sentido ao número decimal obtido na divisão.

Neste capítulo, tentamos mostrar alguns exemplos de atividades que podem ser trabalhadas em sala de aula com uso da calculadora. Os extratos de protocolos que trouxemos ilustram momentos prazerosos de aprendizagem, em que alunos e professora ampliam a discussão de conteúdos matemáticos a partir do uso da calculadora.

É importante ressaltar que a presença da calculadora é motivadora para os alunos, criando um ambiente extremamente saudável para reflexão de situações matemáticas que poderiam ser enfadonhas e complicadas se trabalhadas apenas no papel e lápis. Com a calculadora, o foco da discussão pode recair nas propriedades matemáticas que estão em jogo, pois os alunos não ficam centrados na resolução das operações como possivelmente ficariam se não dispusessem da calculadora. Isso não significa afirmar que o uso da calculadora deve substituir a aprendizagem do algoritmo. De fato, o que queremos chamar a atenção é que a calculadora pode ser uma ferramenta valiosa na reflexão de conceitos matemáticos, constituindo-se em um recurso importante a ser utilizado na escola.

No entanto, é necessário que a escola também proporcione a discussão do uso desta ferramenta entre professores, alunos e pais. Desta forma, poderemos avançar no que se refere à compreensão sobre o uso da calculadora, possibilitando que a mesma seja vista como mais uma ferramenta que estimula a construção de conceitos matemáticos e não apenas como "substituta" dos algoritmos matemáticos. Uma fala de uma professora do 4.º ano do Ensino Fundamental que trabalha com a calculadora semanalmente, ao ser questionada sobre o uso da calculadora na escola, ilustra bem esta questão: "... a calculadora estimula a criança, mas é preciso que o professor saiba como trabalhar com ela. Aqui na escola recebemos muito material para que a gente possa criar atividades estimuladoras do raciocínio das crianças... é necessário capacitar o professor, senão ele fica com medo do que pode acontecer, da criança não se desenvolver...muitos pais também tinham esse medo aqui na escola, mas como falei, hoje têm outro olhar".

Capítulo V

Como os livros didáticos têm tratado o uso da calculadora

Foram elencados, no capítulo introdutório deste livro, os *atores* que têm influência na proposição e/ou no acompanhamento de atividades com a calculadora na sala de aula de Matemática. Neste capítulo, nos concentraremos no papel desempenhado pelos responsáveis pelo planejamento e pela elaboração de livros didáticos.

Consideramos que há *atores* que estão numa esfera mais *macro* da educação, como os *propositores de currículos* – em âmbitos nacional, estadual, municipal e dentro das escolas. Alguns dos *atores* deste nível macro são os *membros do Ministério e das Secretarias de Educação*, bem como os *dirigentes locais das escolas*. Neste nível desta *noosfera*[3] também estão incluídos, a nosso ver, os *pesquisadores em Educação Matemática* – por meio de associações, como a Sociedade Brasileira de Educação Matemática, e dos estudos desenvolvidos e divulgados pelos pesquisadores em eventos e periódicos científicos – que podem influenciar o debate sobre recursos e técnicas a ser desenvolvidas em sala de aula e os *pais dos alunos*, que influenciam de forma prática, ao se envolverem com as propostas educacionais da escola,

---

[3] O termo *noosfera* é amplamente utilizado pela linha francesa da Educação Matemática e aqui é utilizado no sentido de incluir os responsáveis pelas ideias e ações educativas. Para maiores reflexões sugerimos a leitura de outro livro desta coleção: *Didática da Matemática – Uma análise da influência francesa*, de autoria de Luiz Carlos Pais.

viabilizando indiretamente o uso, ou não, da calculadora em sala de aula. Salienta-se que o pensamento dos pesquisadores em Educação Matemática quanto ao uso da calculadora em sala de aula foi registrado no Capítulo III deste livro e muito deste pensar tem se refletido em propostas curriculares em diversos níveis.

Numa esfera mais *micro*, os *atores* envolvidos são o(a) *professor(a)* que escolhe as atividades a serem desenvolvidas junto a seus *alunos* e estes, de certa forma, também determinam o uso, ou não, da calculadora em sala de aula, pois dependendo da reação, do envolvimento e das facilidades e/ou dificuldades demonstradas pelos alunos, o(a) professor(a) fará, ou não, novas proposições com o uso deste recurso. Concepções e relatos por parte de professores de usos da calculadora em sala de aula foram registrados no Capítulo II deste livro e no Capítulo IV estão registradas situações de uso efetivo – por parte de professoras e de alunos – da calculadora em salas de aula de anos iniciais de escolarização.

Num nível *intermediário* de determinação do uso, ou não, da calculadora em sala de aula, acreditamos estarem as *editoras* que contratam *autores* para desenvolverem coleções de livros didáticos de Matemática. Estes são, de certo modo, os que *traduzem* os anseios e as proposições de governos, dirigentes educacionais e escolares, bem como de pesquisadores em Educação Matemática, em propostas de atividades a serem desenvolvidas pelo(a) professor(a) junto a seus alunos. As proposições destes *atores* – editoras e autores de livros didáticos – serão foco de apresentação e de análise no presente capítulo.

Documentos e estudos diversos (BRASIL, 1997; RUTHVEN, 1999; BIGODE, 1997; BORBA, PENTEADO 2005; SELVA, BORBA, 2005; entre outros comentados no Capítulo III do presente livro) têm discutido a necessidade de inserção de recursos tecnológicos contemporâneos – tais como computadores e calculadoras – nos processos de ensino e de aprendizagem ocorridos nas salas de aula de Matemática. Este referencial tem apontado que a calculadora, em particular, possui potencialidade para o desenvolvimento conceitual dos alunos, desde que sejam desenvolvidas atividades apropriadas em sala de aula. Tarefas de naturezas diversificadas podem ser

Como os livros didáticos têm tratado o uso da calculadora

propostas que permitem explorações e investigações conceituais, bem como de conferência de resultados, entre outras a serem discutidas neste capítulo.

Embora não com ênfase mais direta sobre o uso da calculadora, Vergnaud (1987) – em sua proposição da *Teoria dos Campos Conceituais*[4], tem apontado a importância do uso de diferentes representações simbólicas no trabalho com os conceitos matemáticos, pois representações distintas podem ser salientes ou opacas para diferentes aspectos de um mesmo conceito. Lidar com representações distintas de um mesmo conceito, portanto, auxilia na ampliação da compreensão do conceito, pois diferentes propriedades e relações se colocam em jogo por meio de formas diversificadas de representação simbólica.

Nesse sentido, o uso de diferentes representações simbólicas no ensino dos conceitos matemáticos tem sido bastante recomendado. Entretanto, em geral, nas escolas, algumas formas de representação têm sido enfatizadas, tais como a representação escrita formal ou o uso de material manipulativo, em detrimento de outras, como as representações simbólicas espontâneas das crianças (desenhos e rabiscos) e o uso de representações por meio de recursos tecnológicos, tais como as presentes em computadores e em calculadoras. Infelizmente, um trabalho com múltiplas representações de um mesmo conceito tem sido, ainda, menos enfatizado em sala de aula.

As representações que podem ser exploradas na calculadora – apesar de ser um recurso até certo ponto já bastante acessível – ainda são vistas com restrições por muitos pais e professores de alunos, conforme relatado no Capítulo 2 deste livro. Embora a importância da calculadora como ferramenta de cálculo seja reconhecida há bastante tempo, o seu uso em sala de aula – com sua representação simbólica alternativa, instrumento de exploração conceitual e de resolução de problemas – tem sido alvo de grandes preconceitos, pois muitos consideram que a utilização da mesma pode inibir o raciocínio dos alunos e gerar *preguiça mental* (MEDEIROS, 2003).

---

[4] Mais informações sobre a Teoria dos Campos Conceituais de Gerard Vergnaud são dadas no livro desta coleção – *Psicologia da Educação Matemática* – de autoria de Jorge Falcão.

Como a calculadora tem sido utilizada em sala de aula remete a outra questão importante: como os livros didáticos voltados para os anos iniciais têm sugerido o uso deste recurso por parte de professores e de alunos? A proposição de atividades com a calculadora, apesar de ampla defesa por parte de Educadores Matemáticos, pode ser limitada, em função da quantidade e da qualidade das proposições feitas por meio dos livros didáticos de Matemática.

Neste capítulo, nos propomos a analisar livros didáticos de Matemática nas maneiras como propõem o uso da calculadora em sala de aula. O presente texto objetiva, dessa forma, subsidiar a discussão sobre o uso de novas tecnologias, em particular a calculadora, a partir da análise de atividades propostas por livros didáticos voltados para o ensino de Matemática nos anos iniciais do Ensino Fundamental.

Antes, porém, de discutir as proposições de livros didáticos, foco central do presente capítulo, será abordado como o livro didático tem sido analisado e as melhorias que estas análises podem proporcionar ao ensino e à aprendizagem de conceitos. Esta discussão inicial objetiva situar o leitor em como políticas governamentais têm estimulado a melhoria da qualidade de livros didáticos, em particular o de Matemática utilizado nos anos iniciais de escolarização.

A influência da qualidade dos livros didáticos no desenvolvimento conceitual

A conscientização em relação ao papel do livro didático nos processos de ensino e de aprendizagem levou à criação, em 1985, de uma política governamental – Programa Nacional do Livro Didático (PNLD) – cujo objetivo inicial era distribuir livros escolares a todos os estudantes matriculados na rede pública do país. Não havia, de início, uma preocupação com a qualidade pedagógica dos livros distribuídos, mas, sim, que todos os alunos tivessem acesso a livros didáticos, sendo utilizados, portanto, critérios de escolha meramente técnicos. Se um livro apresentasse durabilidade, qualidade do papel e da encadernação e outros aspectos favoráveis quanto ao uso de cores de impressão, o mesmo poderia ser escolhido por qualquer escola pública.

Como os livros didáticos têm tratado o uso da calculadora

A partir de um estudo desenvolvido em 1994 pela Fundação de Amparo ao Estudante, observou-se que as 10 coleções mais solicitadas pelos professores nas diversas áreas de conhecimento para o ensino nos anos iniciais do Ensino Fundamental apresentavam muitas deficiências – de natureza pedagógica e conceitual. Decidiu-se, então, que os livros deveriam ser analisados criteriosamente e apenas os aprovados nesta avaliação poderiam ser adquiridos pelas escolas públicas. A Secretaria de Educação Fundamental (SEF) do Ministério da Educação e Cultura (MEC) passou a avaliar os livros adquiridos para a distribuição também a partir de critérios de coerência, pertinência e correção metodológica (CARVALHO; LIMA, 2002).

As avaliações realizadas por especialistas de cada área de ensino (Linguagem, Matemática, Estudos Sociais e Ciências Naturais) passaram a ser divulgadas em publicações voltadas aos gestores, professores, pais e outros interessados. Estes Guias do Livro Didático descrevem as coleções aprovadas e podem servir de orientação à escolha da obra a ser utilizada em sala de aula.

A avaliação realizada pelo PNLD tem garantido um padrão de qualidade para os livros utilizados nas escolas públicas atualmente. Isso pode ser verificado no *site* do próprio MEC no qual se pode observar um gráfico comparativo, reproduzido a seguir (Gráfico 1), de obras avaliadas, aprovadas e excluídas nos PNLD de 1997 a 2007.

Pode-se observar que houve um aumento significativo dos livros aprovados (de 23% de aprovação em 1997 para 71% em 2004) e um declínio no número de coleções excluídas, passando de 361 livros (77% em 1997) para 76 livros (29% em 2004). A partir desses dados, fica evidente a grande importância dada pelos autores e editoras de livros na aprovação dos seus livros e, para tal, a necessidade de se adequar às exigências correntes de qualidade teórico-metodológica das obras produzidas.

Na primeira avaliação, de 1997, além da categoria de livros *excluídos* havia a categoria de livros *não recomendados* (considerados inapropriados para o uso em sala de aula, mas que podiam ser escolhidos pelos professores). Em 1998 desapareceu a categoria *não recomendado;* em 2000/2001 passou-se a eliminar coleções que apresentassem incoerência entre o que era proposto no Manual do Professor e as atividades sugeridas no Livro do Aluno e, em 2004, só foi possível inscrição para avaliação de coleções completas que passaram a ser aceitas ou recusadas em bloco.

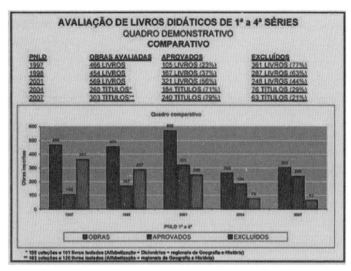

Gráfico 1. Comparação, segundo o Ministério de Educação e Cultura, de obras avaliadas, aprovadas e excluídas nos Planos Nacionais do Livro Didático de 1997 a 2007.

Estas medidas visaram a uma melhoria na qualidade das avaliações e, consequentemente, das coleções, pois apenas livros aprovados constam atualmente nos guias; aspectos metodológicos também têm peso na exclusão de obras e a continuidade pedagógica é visada ao serem analisadas coleções inteiras, e não volumes isolados. Dessa forma, os livros são avaliados no que concerne à adequação dos conteúdos matemáticos apresentados, quanto à coerência teórico-metodológica e a adequação de proposta metodológica.

Em Matemática, especificamente, a distribuição das obras aprovadas e não aprovadas pode ser observada na Tabela 1, extraída do Guia de Livros Didáticos – PNLD 2007. Observa-se, nesta tabela, à semelhança do quadro geral das obras de todas as áreas de conhecimento, um gradativo aumento das

Como os livros didáticos têm tratado o uso da calculadora

obras aprovadas de 1997 a 2004 e consequente diminuição de obras não aprovadas, chegando a apenas 6% em 2004. Apesar desta melhora, observa-se que nas obras avaliadas para 2007 o percentual de obras não aprovadas aumentou para 17%, o que evidencia a necessidade de avaliações contínuas, pois novos autores e novas coleções se submetem ao programa e algumas dessas não atendem aos padrões de qualidade exigidos.

Tabela 1. Desempenho das obras de Matemática de 1.ª a 4.ª séries nas avaliações do PNLD de 1997 a 2007

ANO	1997		1998		2000/2001		2004		2007	
	N	%	N	%	N	%	N	%	N	%
Aprovadas	63	54	57	63	79	65	31	94	35	83
Não Aprovadas	53	46	33	37	43	35	2	6	7	17
Inscritas	116	100	90	100	122	100	33*	100	42	100

* A aparente diminuição das obras analisadas deve-se à restrição de inscrição de apenas coleções completas a partir de 2004.

Carvalho e Lima (2002) apontam que muitos erros e inadequações foram encontrados nas primeiras avaliações dos livros de Matemática. Havia, inicialmente, uma forte incoerência entre o que se afirmava no manual do professor e as atividades propostas no livro do aluno e muitos erros conceituais também foram encontrados. Uma das características das coleções até 1995, segundo estes autores, era que muitas apresentavam um total desprezo pelas tendências mais recentes da metodologia do ensino de Matemática. A maioria das coleções priorizava o adestramento e a memorização, pois propunham longas sequências de exercícios repetitivos e descontextualizados com a finalidade de levar os alunos a mecanizarem procedimentos e algoritmos formais. Nas avaliações posteriores, foi considerável a queda na quantidade de coleções excluídas, evidenciando, assim, uma melhoria na qualidade das coleções apresentadas.

Atualmente, a maioria dos livros analisados preocupa-se em estimular o desenvolvimento conceitual e tem o cuidado de desenvolver bons manuais do professor, auxiliando-o em seu aperfeiçoamento profissional, no preparo e desenvolvimento de suas aulas e nas avaliações de aprendizagem a serem propostas.

75

São, segundo Carvalho e Lima (2002), características da maioria das coleções atuais apresentadas para avaliação: inexistência de erros conceituais, adoção de metodologia apontada nos Parâmetros Curriculares Nacionais e baseada em estudos recentes da Educação Matemática, com características tais como: contextualização significativa dos conteúdos, encorajamento da participação e autonomia dos alunos na construção de seus conhecimentos e habilidades, ênfase na resolução de problemas e integração entre números e operações, grandezas e medidas, geometria e tratamento de informações.

Soares (1996), ao fazer uma análise sociológica do livro didático no Brasil, chama a atenção para a prática comum entre docentes de se transferir ao livro didático a tarefa de preparar aulas e exercícios. Este aspecto também é mencionado pelo Guia do PNLD 2004 (p. 8):

> O livro didático brasileiro, ainda hoje, é uma das principais formas de documentação e consulta empregadas por professores e alunos. Nesta condição, ele às vezes termina por influenciar o trabalho pedagógico e o cotidiano da sala de aula.

Nesta direção, Araújo (2002) analisou quatro coleções de livros didáticos recomendados pelo Programa Nacional do Livro Didático (PNLD) (Brasil, 2000). As coleções foram examinadas a partir de dois aspectos: forma de introdução da calculadora e uso da mesma nas atividades propostas. A análise das coleções mostrou que a calculadora foi usada para automatizar (39%), explorar conteúdos (38%), verificar resultados (25,6%), ensinar o manuseio da máquina (17,6%) e para trabalhar conteúdos (2%).

Outros aspectos importantes não foram analisados por Araújo (2002), tais como a distribuição dos tipos de atividades de uso da calculadora por conteúdo proposto, a análise do manual do professor na discussão do uso desse recurso, a análise dos sumários e a avaliação da distribuição de atividades por volume e coleção.

Assim, neste capítulo, relata-se uma análise de como os livros didáticos recomendados pelo Programa Nacional do Livro Didático de 2004 propuseram atividades com a calculadora para os dois primeiros ciclos do Ensino Fundamental, englobando também aspectos não avaliados em estudos anteriores.

Um dos itens avaliados no PNLD é o do uso de ferramentas tecnológicas – incluindo-se a calculadora – como recurso didático para a formação de conceitos, habilidades e atitudes. Esperava-se que a melhoria da qualidade das coleções produzidas tivesse uma forte influência nas propostas dos livros didáticos quanto ao uso amplo da calculadora – nas diversas séries e relacionado aos diferentes conceitos matemáticos. Percebe-seu um avanço no número de propostas presentes nos livros didáticos, mas, infelizmente, tem-se, ainda, uma presença muito tímida de proposições de uso da calculadora nas coleções recomendadas pelo Plano Nacional do Livro Didático.

Levantamento de atividades propostas em livros didáticos com uso da calculadora

O levantamento aqui relatado objetivou analisar as possibilidades de uso da calculadora em sala de aula, especialmente em situações que podem levar as crianças a explorarem os conceitos matemáticos e não apenas por meio de computação e verificação de resultados. Buscou-se alcançar este objetivo a partir da análise de coleções de livros didáticos (do PNLD 2004) no que se refere às atividades nas quais é solicitado o uso da calculadora e também a verificação se os livros didáticos proporcionam ao professor maior reflexão sobre o uso deste instrumento em sala de aula.

Antes de analisar os livros, foi feito um levantamento nas redes municipal, estadual e particular do Recife a respeito de coleções de Matemática da 1.ª à 4.ª série adotadas nas escolas. A partir desses dados, buscou-se analisar coleções de livros adotadas pelas escolas, bem como outras que foram recomendadas (com distinção, apenas recomendada ou recomendada com ressalva) pelo PNLD 2004. Foram analisadas 12 coleções de livros didáticos, de editoras variadas, listadas a seguir:

Livros analisados:

ANTUNES, M. E. M; NETO, A. C. de C.; CUNHA, M. do C.T. da C.; MARSICO, M. T. *Caracol*. São Paulo: Editora Scipione, 2002.

BONJORNO. *Matemática Pode Contar Comigo*. São Paulo: Editora FTD, 2001.

BUENO, Ana Maria; LEITE, Antonieta; TAVARES, Selma. *Matemática Pensar e Viver*. São Paulo: Editora Ática, 2003.

DANTE, Luiz Roberto. *Vivência e Construção*. São Paulo: Editora Ática, 2001.

DARIN, Áurea; ESPÍRITO SANTO, Ieda. *Coleção Colibri*. São Paulo: Editora IBEP, 2001.

GUELLI, Oscar. *Nosso Mundo*. São Paulo: Editora Ática, 2001.

LELLIS,M.;IMENES,Luiz Márcio; JAKUBO. *Novo Tempo*. São Paulo: Editora IBEP, 2004.

LONGEN, Adilson. *Descobrindo a Vida*. São Paulo: Editora Brasil, 2001.

MILANI, Estela; LELLIS, M.; IMENES, Luiz Márcio. *Matemática para Todos*. São Paulo: Editora Scipione, 2004.

NUNES, Maria E. M.; PIRES, Célia. *Matemática no Planeta Azul*. São Paulo: Editora FTD, 2000.

SILVA, Beatriz A; CRUZ, Maria de L. da. *Vitória Régia*. São Paulo: Editora IBEP, 2004.

SOARES, E. Sarquis. *Matemática com Sarquis*. Belo Horizonte: Editora Formato, 1996.

Estas coleções foram analisadas segundo os seguintes critérios:

1) A forma como a calculadora é introduzida ao professor no manual;

2) A indicação do trabalho com a calculadora no sumário das coleções;

3) Os comentários no Guia do PNLD 2004 sobre o uso da calculadora nas coleções analisadas;

4) A forma como a calculadora é introduzida ao aluno;

5) Os campos conceituais nos quais atividades são apresentadas com a calculadora;

6) As atividades propostas envolvendo o uso da calculadora.

Especificamente em relação a este último eixo, foram analisadas: a frequência e a distribuição de atividades entre os volumes; o domínio conceitual (estrutura aditiva, estrutura multiplicativa, estrutura aditiva e multiplicativa, sistema decimal); e o objetivo da atividade proposta.

Como a calculadora é introduzida no manual do professor?

Observou-se que, na maior parte das coleções, havia recomendações de como a calculadora deve ser utilizada em sala de aula, sugerindo atividades e enfatizando sua importância. Alguns exemplos são apresentados a seguir.

Na Figura 1, tem-se um exemplo de sugestão no manual do professor de como inicialmente organizar o trabalho com a calculadora em sala de aula. Neste exemplo, propõe-se que os alunos sejam auxiliados na exploração do funcionamento da calculadora. Discute-se o funcionamento das teclas que ligam a máquina (ON), que limpam o visor (C) ou a última digitação (CE), as teclas que realizam as quatro operações aritméticas e as de memória (M+, M- e MRC). Também ensina-se uma forma de verificação do funcionamento correto da calculadora: subtrair da primeira linha (789) a segunda (456) e subtrair desta segunda a terceira linha (123). Se o resultado obtido, nos dois casos, for 333, observa-se o correto funcionamento da máquina.

Figura 1. Exemplo de sugestão de atividade introdutória, extraído do *Manual do professor,* da Coleção Colibri, de autoria de Áurea Darin, Editora IBEP, 2001,vol. 1, p. 71

As Figuras 2 e 3 apresentam exemplos de sugestões de atividades apresentadas no manual do professor, como complemento das atividades propostas no livro do aluno. No primeiro exemplo, (Figura 2) solicita-se que o aluno realize algumas subtrações na calculadora. Das quatro operações solicitadas, uma é um caso de operação inversa na qual se deve determinar qual número deve ser acrescentado a 153 para obter 255. Se bem conduzida a discussão deste item, os alunos poderão refletir sobre a subtração como operação inversa da adição ou, ainda, sobre formas de complementar valores para obter outros valores de ordem de grandeza maior. O outro exemplo de atividade complementar (Figura 3) é uma solicitação que os alunos realizem estimativas e que depois verifiquem o quanto suas estimativas se aproximam do valor exato, por meio da realização das respectivas operações na calculadora. Segue-se a esta atividade um comentário a respeito do caráter motivador e da ampla utilização social da calculadora.

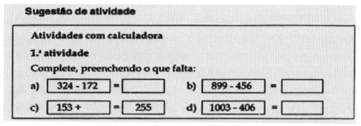

Figura 2. Exemplo de atividade complementar apresentada no *Manual do professor*, da Coleção Colibri, de autoria de Áurea Darin, Editora IBEP, 2001, vol. 2, p. 65

9 Brincando com a calculadora
Objetivos:
• efetuar estimativas;
• elaborar e avaliar estratégias

Comentário:
• não podemos negar o caráter motivador da calculadora e a ampla utilização social desse recurso tecnológico.

Figura 3. Exemplo de atividade complementar apresentada no *Manual do professor*, da Coleção Alegria de Aprender, de autoria de Mário Lúcio Cardoso, Editora Brasil, 2001, vol. 4, p. 42

Na Figura 4, tem-se um exemplo de discussão no manual do professor sobre a importância de se utilizar a calculadora em sala de aula. Inicia-se, porém, argumentando que é preciso que os alunos dominem os procedimentos das operações aritméticas antes de introduzir o uso da calculadora em sala de aula, justificando o porquê de atividades da calculadora apenas serem introduzidas nesta coleção a partir da 3.ª série, 4.º ano de escolarização.

Concordamos que os alunos devem dominar procedimentos de cálculo, mas discordamos que tenha-se que retardar o uso da calculadora, pois outras formas de exploração conceitual podem ser realizadas com alunos desde cedo, como as explorações para entendimento do Sistema de Numeração Decimal, descritas no Capítulo 2 deste livro e outras atividades apresentadas no presente capítulo.

Observa-se que as sugestões apresentadas no manual consideram tanto a necessidade de inserir o uso da calculadora na sala de aula, explorando o teclado, o seu funcionamento, como também sugerem ao professor a realização de diferentes tipos de atividades que vão desde a proposição de cálculos às brincadeiras envolvendo estimativas e exploração de conceitos. É interessante notar como os manuais também têm se preocupado em reforçar para os professores a importância do uso da calculadora em sala de aula, seus objetivos, fortalecendo as orientações nacionais.

> **11. A calculadora na 3ª e 4ª séries**
>
> Com a difusão da calculadora, pode se tornar dispensável exigir dos alunos que façam cálculos que apresentam dificuldade para eles. Exemplos: 2 305 × 749, 17 672 + 453, etc. Não se pode, entretanto, dispensar a compreensão do significado das operações. Por isso, esta coleção apresenta o uso de calculadora só a partir da 3ª série.
>
> Na 3ª série, são propostos exercícios que trabalham a multiplicação e a divisão como operações inversas, e a calculadora facilita esse trabalho. O professor encontrará outras ocasiões em que a calculadora poderá ser usada para conferir resultados e agilizar cálculos que seriam demorados e cansativos.
>
> Na 4ª série, a calculadora é também usada para cálculos com aproximação.

Figura 4. Exemplo de discussão sobre a importância do uso da calculadora apresentada no *Manual do professor*, da Coleção Matemática Pensar e Viver, de autoria de Ana Maria Bueno, Editora Ática, 2003, vol.3, p. 47

Diante disso, deve-se realçar a importância de que os manuais sejam lidos pelos professores e que, de fato, haja coerência entre o que é proposto no manual e o que é apresentado no livro do aluno. Acreditamos que, na medida em que o manual do professor avance em sua qualidade na discussão das propostas didáticas a serem realizadas nas aulas de Matemática, poderá haver um reconhecimento disso por parte dos professores e, consequentemente, um uso mais efetivo deste manual.

Em quais tópicos do sumário do livro do aluno indica-se o trabalho com a calculadora?

Identificamos que o trabalho com a calculadora apareceu como subtópico relacionado com as estruturas aditivas e/ou estruturas multiplicativas. Das doze coleções analisadas, seis apresentaram no sumário uma parte específica destinada à calculadora, entretanto nem sempre em todos os volumes. Já nas demais coleções, não se observaram no sumário nenhum indicativo de trabalho com a calculadora, ainda que isso não signifique que a mesma não fosse utilizada no decorrer das atividades propostas para o aluno.

Esta análise sugere que ainda não há um consenso entre os autores de livros didáticos para o fato de chamarem, ou não, atenção de que será realizado um trabalho com a calculadora. Assim, ao considerarem a calculadora como mais um recurso de trabalho, alguns autores podem achar que não é necessário realçar no sumário sua presença de forma diferente de outros recursos (material dourado, ábaco, por exemplo). Por sua vez, os livros que realçam o trabalho com a calculadora em seu sumário podem ter como objetivo enfatizar a importância desse instrumento no ensino de Matemática e naquele livro em particular. De certa forma, estes dados reforçam a existência de diferentes perspectivas no tratamento dado à calculadora nos livros didáticos, fato este constatado também em outros eixos analisados (frequência dos tipos de atividades propostas por coleção, por exemplo).

O que diz o Guia do PNLD 2004 sobre o uso da calculadora nas coleções analisadas?

Observa-se, pelo descrito no Guia, que houve preocupação em várias coleções em considerar a importância do trabalho com a calculadora, como é recomendado pelos Parâmetros Curriculares Nacionais. Em outras coleções foram apresentadas informações mais vagas e no Guia há, ainda, críticas quanto a algumas coleções que não apresentaram atividades com a calculadora de forma contínua e frequente. Para ilustrar, apresentam-se alguns trechos, extraídos do Guia do PNLD 2004 sobre algumas das coleções analisadas:

Como os livros didáticos têm tratado o uso da calculadora

1) Valorização das atividades com a calculadora propostas pela coleção:

"...A calculadora é um recurso muito bem explorado na coleção, seja para a aprendizagem de seu manuseio, seja para conferir resultados de cálculos mentais ou escritos, para explorar propriedades matemáticas ou realizar operações longas. Convém, assim, que o professor procure extrair todas essas dimensões positivas do trabalho pedagógico com os materiais didáticos e com a calculadora".(p. 49)

"...Os livros também sugerem o uso da calculadora, orientando e habilitando o aluno a utilizá-la de múltiplas formas. Assim, recomenda-se ao professor que propicie situações em sala de aula de promoção do uso de tal instrumento de cálculo".(p.56)

"...Sugere-se planejar cuidadosamente o uso da calculadora, bem presente na proposta da coleção, dada à sua importância para a formação atual do aluno".(p. 99)

2) Informações vagas sobre a proposta do livro com a calculadora:

"...Atividades com a calculadora e materiais concretos (como o material dourado e o ábaco) são sugeridas no livro da coleção". (p. 123)

"A atenção dispensada ao uso de materiais didáticos e de outros recursos, tais como a calculadora, requer do professor um planejamento adequado de sua atuação em sala de aula para poder explorar com eficácia a proposta pedagógica apresentada na obra". (p. 91)

3) Críticas pelo fato da coleção não propor atividades com a calculadora de forma frequente e contínua:

".... deve ser mais frequente e mais amplo o emprego de instrumento de desenho nas atividades de geometria, assim como da calculadora nas atividades envolvendo as operações com números naturais ou decimais". (p. 151)

Vale, ainda, salientar que a análise dos comentários do PNLD 2004 revelou que em apenas uma coleção analisada não havia menção sobre o uso da calculadora. Na avaliação desta coleção é apenas enfatizada a existência de um "apelo frequente a materiais didáticos e a jogos" (p.64). A existência de comentários vagos ou a ausência de qualquer referência ao uso da calculadora ainda observada em algumas análises nos leva a sugerir que seja dedicada a este tópico maior atenção nas avaliações de livros didáticos, possibilitando uma melhor análise por parte do professor.

Como a calculadora é introduzida ao aluno?

Referindo-se à primeira atividade encontrada no livro do aluno, independente do volume, observou-se que em cinco coleções a calculadora foi introduzida por meio de *exploração do teclado*, em três coleções através de *exploração conceitual*, em duas por meio da *verificação de resultados* e em duas através da *realização de cálculo*. Pode-se verificar na Tabela 2 como a calculadora foi introduzida em cada uma das 12 coleções analisadas.

Verificou-se que a atividade de *exploração do teclado* foi a forma mais frequente de introduzir a calculadora nas coleções, seguida de atividade de *exploração conceitual*, de *realização de cálculos* e de *verificação de resultados*. Parece-nos bastante coerente que atividades introdutórias de uso da calculadora sejam as que explorem as funções da calculadora, pois é preciso que os alunos saibam manusear minimamente a calculadora de modo a poder realizar cálculos na mesma, conferir nela resultados obtidos por outros meios e explorar conceitos por meio deste recurso.

Tabela 2. Forma como a calculadora é introduzida ao aluno (primeira atividade que aparece no livro) por coleção

Coleção	Tipo de atividade
A	Realização de cálculos
B	Exploração conceitual
C	Exploração de teclado
D	Exploração de teclado
E	Verificação de resultados
F	Exploração de teclado
G	Exploração de teclado
H	Exploração de teclado
I	Exploração conceitual
J	Realização de cálculos
K	Verificação resultados
L	Exploração conceitual

Como as atividades com a calculadora são distribuídas no livro do aluno?

Observou-se grande variação nas coleções analisadas. Quatro coleções apresentaram atividades com a calculadora a partir do primeiro volume, cinco a partir do segundo volume e as demais a partir dos dois últimos volumes, como se pode observar na Tabela 3. Salienta-se que, nesta versão do PNLD (2004) e na posterior (2007), as coleções eram compostas de quatro volumes. Com a ampliação dos anos de escolarização básica para nove anos, o PNLD seguinte (2010) passou a avaliar os livros de anos iniciais em dois blocos: 1) de 1.º e 2.º ano e 2) do 3.º ao 5.º ano de escolarização. Os quatro anos seguintes do Ensino Fundamental constituem outro bloco de coleções (também avaliadas no PNLD) e as coleções dos três anos do Ensino Médio constituem ainda outro bloco de análise (constante de outro programa federal intitulado PNLEM).

Pode-se observar, também, que nenhuma das coleções fez uma distribuição equilibrada de atividades com a calculadora em seus quatro volumes. A maior parte das coleções, geralmente, concentrou as atividades nos últimos volumes. Diferenciando-se das demais, uma coleção (aqui denominada de Coleção F) apresentou atividades que requeriam a calculadora apenas no primeiro volume.

Verificou-se, também, uma grande discrepância na distribuição de atividades ao se comparar as coleções. Enquanto uma coleção apresentou 184 atividades com a calculadora, outra propôs apenas seis atividades.

Observou-se, assim, que os autores dos livros ainda não atentaram para a necessidade de um trabalho sistemático com a calculadora, distribuindo bem as atividades ao longo dos diferentes volumes, buscando variar as formas de uso e lançando novos desafios aos alunos com o passar dos anos de escolarização.

COLEÇÃO "TENDÊNCIAS EM EDUCAÇÃO MATEMÁTICA"

Tabela 3: Distribuição de atividades
com a calculadora por coleção e volume

Coleção	Vol. 1	Vol. 2	Vol. 3	Vol. 4
A	5	---	---	1
B	---	---	---	30
C	12	4	2	9
D	---	7	29	56
E	---	26	81	77
F	11	---	---	---
G	16	44	58	60
H	---	---	18	12
I	---	3	3	8
J	---	7	13	34
K	1	1	8	---
L	---	1	---	38

Quais os campos conceituais nos quais atividades são apresentadas com a calculadora?

Conforme se pode observar na Tabela 4, a seguir, constatou-se que sete coleções apresentaram atividades com a calculadora envolvendo o campo das estruturas aditivas e o das estruturas multiplicativas. Dessas sete coleções, em cinco também se observaram atividades com a calculadora relacionadas ao Sistema de Numeração Decimal. Quatro coleções apresentaram atividades que só envolviam o campo das estruturas multiplicativas e em uma coleção houve uma exclusividade de atividades envolvendo as estruturas aditivas.

Tabela 4. Campo conceitual envolvido nas atividades com uso da calculadora por coleção

Coleção	Vol. 1
A	Multiplicativa
B	Sistema de Numeração Decimal, Aditiva, Multiplicativa
C	Multiplicativa
D	Sistema de Numeração Decimal, Aditiva, Multiplicativa
E	Multiplicativa
F	Aditiva
G	Sistema de Numeração Decimal, Aditiva, Multiplicativa

Como os livros didáticos têm tratado o uso da calculadora

H	Aditiva, Multiplicativa
I	Multiplicativa
J	Sistema de Numeração Decimal, Aditiva, Multiplicativa
K	Aditiva , Multiplicativa
L	Sistema de Numeração Decimal, Aditiva, Multiplicativa

Deve-se chamar a atenção para a ênfase observada nas coleções analisadas no que se refere a envolver a calculadora em atividades relacionadas ao campo conceitual das estruturas multiplicativas (todas as coleções com exceção de uma trabalham com a calculadora no campo conceitual das estruturas multiplicativas). Questiona-se se isso acontece em função da predominância dada ao trabalho com a calculadora acontecer principalmente nos últimos volumes (3 e 4), conforme apresentamos na Tabela 3. Sendo assim, as crianças nestas séries, por estarem já trabalhando com as estruturas multiplicativas, também teriam uma maior quantidade de atividades com a calculadora relacionadas a esse campo conceitual. Outra hipótese, que não exclui a anterior, consiste em pensar de forma inversa, ou seja, como alguns autores sugerem que a calculadora deve ser introduzida quando as crianças já exercitaram seu raciocínio e sua compreensão das operações aritméticas, a mesma fará parte dos últimos volumes, que, por sua vez, enfatizam as estruturas multiplicativas. De uma forma ou de outra, constata-se a necessidade de uma melhor distribuição de atividades com a calculadora em outros campos conceituais, permitindo que desde o início do Ensino Fundamental as crianças já comecem a se familiarizar com esse instrumento frequentemente presente em nosso cotidiano.

Qual a natureza das atividades propostas envolvendo o uso da calculadora?

De início apresentaremos um quadro geral das atividades propostas mais frequentes no conjunto das coleções e depois a especificação das atividades desenvolvidas por coleção. Em seguida, apresentaremos exemplos de cada um dos tipos de atividades classificadas, quais sejam: *automatização, exploração conceitual, exploração do teclado, realização de cálculos* e *verificação de resultados*.

87

Pode-se observar, no Gráfico 2, que houve um predomínio de atividades de *exploração conceitual* e de *verificação de resultados*. É importante esclarecer que, apesar do grande número de atividades de exploração conceitual observado, apenas em duas coleções predominou este tipo de atividade e o mesmo aconteceu com as atividades de verificação de resultados que foi predominante em apenas uma coleção. Como essas três coleções apresentaram um número maior de atividades, elevou-se a frequência desses dois tipos de atividades.

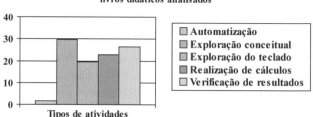

Gráfico 2: Percentual dos tipos de atividades presentes nos livros didáticos analisados

Já em uma análise mais específica em relação *ao tipo de atividade por coleção*, como pode ser visto na Tabela 5 a seguir, das 12 coleções analisadas, dez apresentaram atividades envolvendo *exploração conceitual*, dez apresentaram atividades de *realização de cálculo*, oito apresentaram atividades de *exploração do teclado*, quatro de *verificação de resultados* e uma de *automatização*.

Constata-se, no entanto, que a diversidade nos tipos de atividades com a calculadora ainda não é geral, havendo coleções que enfatizam alguns tipos de atividades em detrimento a outras. Em relação à *exploração conceitual*, observa-se que a maior parte das coleções apresentou atividades desse tipo, sugerindo um avanço na compreensão da contribuição da calculadora no ensino e na aprendizagem de Matemática. Entretanto, ainda há necessidade de que esse tipo de atividade faça parte desde o primeiro volume das coleções e que envolva diferentes campos conceituais.

Como os livros didáticos têm tratado o uso da calculadora

Tabela 5: Frequência dos tipos de atividades por coleção

Coleção	Automatização	Exploração conceitual	Exploração do teclado	Realização de cálculos	Verificação de resultados	Total
A	0	0	0	6	0	6
B	0	10	6	14	0	30
C	0	2	18	7	0	27
D	0	50	0	3	39	92
E	0	28	30	0	126	184
F	0	2	5	4	0	11
G	12	69	50	47	0	178
H	0	0	2	28	0	30
I	0	2	7	1	4	14
J	0	14	14	26	0	54
K	0	10	0	0	0	10
L	0	9	0	19	11	39

Também gostaríamos de chamar a atenção para a discrepância existente nas coleções sobre atividades de *exploração do teclado*. Enquanto quatro coleções deixaram completamente a cargo do professor introduzir as funções da calculadora ao aluno (não apresentaram este tipo de atividade), outras coleções apresentaram grande frequência de atividades com esse propósito (50 atividades na coleção aqui denominada de G e 30 atividades na Coleção E). Consideramos que é necessário que o aluno domine o instrumento, podendo aproveitar todas as possibilidades do mesmo, entretanto, é necessário que não se considere este domínio como o único objetivo do trabalho com a calculadora, nem se priorize este tipo de atividade em relação às demais.

Apresentaremos, a seguir, exemplos dos diferentes tipos de atividades nas coleções e o faremos numa ordem que poderia constituir uma sequência de atividades a serem desenvolvidas com alunos dos anos iniciais do Ensino Fundamental.

Na Figura 5, tem-se mais um exemplo, além do apresentado na Figura 1, de *exploração do teclado*. Consideramos esta a atividade introdutória mais indicada, pois, como já afirmado anteriormente, é necessário que os alunos se familiarizem com os comandos básicos da calculadora, como as teclas de ligar/desligar (ON/OFF) e de realização das quatro operações aritméticas (+, -, x, ÷). A cada nova *exploração do teclado*, os comandos básicos poderiam ser recordados e novos comandos trabalhados. Assim, por exemplo, após o uso da calculadora na realização de operações aritméticas

89

simples, os alunos poderiam ser questionados sobre as funções C e CE, que, respectivamente, limpa o visor e limpa a última entrada digitada. Os alunos, dessa forma, poderiam aprender que não é preciso reiniciar uma operação por ter digitado o último número incorretamente. Basta limpar, por meio do CE, esta última entrada, digitar o valor correto e prosseguir na operacionalização. Após este aprendizado e outros usos alternativos da calculadora, nova exploração poderia ser realizada, agora buscando entender as funções M+ (acréscimo de valores à memória), M- (subtração de valores ao que está registrado na memória) e MRC (recuperando o número registrado na memória, se apertado uma vez, e apagando o registro da memória, se apertado duas vezes consecutivas). Assim, a exploração do teclado não necessita ser realizada num único momento, mas pode levar a novas descobertas cada vez que uma atividade desta natureza for proposta.

Figura 5. Exemplo de atividade de *exploração de teclado*, no caso das teclas de adição e igualdade, extraído da Coleção Colibri, de autoria de Áurea Darin, Editora IBEP, vol. 1, 2001, p. 227

Após a realização de atividades de *exploração do teclado*, poderia-se propor atividades de *realização de cálculos*, sendo os mesmos de acordo com o conteúdo matemático a ser trabalhado (as operações aritméticas com números naturais e números racionais, seja em cálculos isolados ou inseridos em problemas contextualizados; cálculos de medidas de grandezas variadas – comprimento, área, volume, temperatura, grandeza monetária, etc.; cálculos a partir de dados contidos em tabelas e gráficos – como o cálculo de médias aritméticas ou outros conceitos estatísticos; entre outros possíveis cálculos). A Figura 6 é um exemplo de solicitação de *realização de cálculos*. Por serem variados os conteúdos matemáticos a serem trabalhados nas séries iniciais, diversas poderão ser as oportunidades de solicitar que os alunos se familiarizem com a simples realização de cálculos por meio do uso da calculadora. Isso os dará mais segurança com o manuseio deste instrumento amplamente utilizado no cotidiano extraescolar.

> Use uma calculadora para fazer os cálculos a seguir:
>
> • Efetue:
> 23 + 32   12 + 47
> 24 + 24   36 + 23

Figura 6. Exemplo de atividade de solicitação de *realização de cálculos*, extraída da Coleção Nosso Mundo, de autoria de Oscar Guelli, Editora Ática, vol. 1, 2001, p. 204

Além da simples operacionalização na calculadora, uma alternativa neste tipo de atividade é a *realização de cálculos para alívio de carga de operacionalização*, ou seja, na atividade é sugerido que os alunos utilizem a calculadora para a realização das contas, de modo a permitir que eles possam refletir sobre as estratégias de resolução das situações e não, neste momento, na realização da operação propriamente dita.

Após atividades de *realização de cálculos*, pode-se prosseguir, por vezes, em algumas poucas atividades de *automatização*. Salientamos que, a nosso ver, esta não precisa ser uma atividade muito frequente, pois a *automatização* é uma consequência natural após a realização de um procedimento por diversas vezes. A *automatização*, portanto, não é o foco principal da educação matemática, pois no aprendizado deseja-se preparar, primordialmente, os alunos para o enfrentamento de *novas situações* e não para a mera repetição de procedimentos em situações por eles já conhecidas e dominadas. Na Figura 7, apresenta-se uma interessante atividade de *automatização* na qual os alunos poderão perceber que apertar a tecla '=' seguidamente faz com que a calculadora realize a mesma operação repetidas vezes.

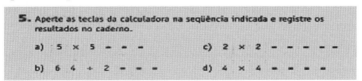

Figura 7. Exemplo de atividade de *exploração do teclado e de automatização* extraída da Coleção Alegria de Aprender, de autoria de Mário Lúcio Cardoso, Editora Brasil, vol. 3, 2001, p. 156

Avançando no sentido de realização de atividades mais reflexivas por parte dos alunos, poderia-se propor aos mesmos atividades de *verificação de resultados*. A ideia básica neste tipo de atividade é que os mesmos cálculos sejam realizados por uso de um meio alternativo de raciocínio (como procedimentos de lápis e papel, sejam próprios dos alunos, sejam algoritmos formais) e que os resultados obtidos sejam comparados às respostas apresentadas na calculadora. Outra possibilidade nesse tipo de atividade, como pode ser visto na Figura 8, é que os alunos realizem as operações na calculadora e que confirmem se as respostas por eles obtidas conferem com as obtidas por seus colegas. Esta conferência pode oportunizar que o(a) professor(a) verifique se os alunos estão manuseando corretamente a calculadora.

1. Use uma calculadora para fazer os cálculos abaixo. Escreva os resultados no caderno e confira com um colega.

a) 795 + 1648	d) 3876 − 1297	g) 938 × 12
b) 1692 ÷ 3	e) 10000 − 11	h) 1672 ÷ 44
c) 391 × 74	f) 1199 − 321	i) 27440 ÷ 35

Figura 8. Exemplo de atividade de *verificação de resultados* extraída da Coleção Pensar e Viver, de autoria de Ana Maria Bueno, Editora Ática, vol. 3, 2003, p. 140

Finalmente, o tipo de atividade que consideramos a mais importante de ser desenvolvida por meio do uso da calculadora é a *exploração conceitual*[5]. Neste tipo de atividade, deseja-se que os alunos avancem em suas compreensões de algum conceito em particular. O uso da calculadora é para que os alunos possam observar regularidades e, dessa forma, pensar em relações e propriedades sobre as quais poderão tirar conclusões e que são aspectos generalizáveis dos conceitos. Na Figura 9, tem-se um exemplo de atividade que permite que se explore um conceito por meio do uso da calculadora.

---

[5] Outros exemplos de exploração conceitual foram apresentados no Capítulo 2 deste livro nos quais os alunos, a partir da observação de regularidades obtidas em cálculos efetuados na calculadora, poderão tirar conclusões a respeito do SND, de números decimais, de tratamento a ser dado ao resto, etc.

Como os livros didáticos têm tratado o uso da calculadora

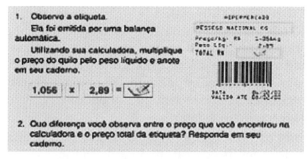

Figura 9. Exemplo de atividade de *exploração conceitual*, extraída da Coleção Colibri, de autoria de Áurea Darin, Editora IBEP, vol. 4, 2001, p. 226

Esta atividade possibilita ao aluno o uso da Matemática para compreensão da realidade, algo que é função da escola desenvolver. Nesta atividade relativa ao uso da calculadora para calcular o preço de alimentos, tal como encontramos hoje nos supermercados, por exemplo, o aluno, inicialmente, desvendará a origem do valor que é pago nas compras e, em segundo lugar, analisará as aproximações realizadas com números decimais.

Em síntese...

Observando os dados obtidos na análise dos livros didáticos relatada neste capítulo e outros levantamentos de estudos anteriores, nota-se que a importância dada por Vergnaud (1987) e Nunes e Bryant (1997) para o uso de representações diversificadas na aprendizagem matemática começa a ser observada nas propostas de atividades feitas nos livros didáticos do Ensino Fundamental. Neste sentido, os livros didáticos têm avançado, inserindo em suas coleções atividades envolvendo o cálculo oral, a calculadora, a estimativa, além do cálculo escrito.

Entretanto, considerando especificamente o uso da calculadora proposto nos livros didáticos analisados, os resultados obtidos sugerem que ainda há um número reduzido de atividades envolvendo a calculadora em algumas coleções e que na maioria das coleções as atividades encontram-se mal distribuídas entre os volumes.

93

Em relação à diversidade de tipos de atividades envolvendo a calculadora, observa-se que, para a maior parte das coleções analisadas, este ainda é um objetivo a ser alcançado. Consideramos que o discurso que admite a importância da diversidade de recursos e de atividades presente em estudos e em documentos oficiais tem que, urgentemente, se tornar realidade nos livros didáticos.

Estes dados levam à sugestão de que as propostas de atividades com uso da calculadora devem merecer maior atenção nas avaliações educacionais, na medida em que todos os livros que foram analisados neste estudo fazem parte do rol de publicações recomendadas pelo PNLD e, de modo geral, ainda não aproveitam o uso da calculadora em todo o seu potencial como recurso no processo de ensino-aprendizagem.

Assim, a título de conclusão, destaca-se que, embora as coleções aprovadas pelo PNLD 2004 já apresentem avanços em relação ao uso da calculadora, ainda faz-se necessário que os manuais feitos para os professores estabeleçam uma maior articulação com as atividades sugeridas para os alunos.

Apesar das limitações – seja em quantidade de atividades propostas, seja na qualidade das atividades, sem considerar-se uma mais ampla variedade de tipos de proposições – pode-se observar que o conjunto das coleções oferece possibilidades de trabalho na sala de aula de anos iniciais com a calculadora, seja explorando as funções da mesma, seja realizando operações – no intuito de automatizar ou de aliviar a carga de operacionalização – seja conferindo resultados obtidos por meio de outras estratégias de cálculo ou por outros alunos ou, ainda, por meio de explorações conceituais.

Convidamos, assim, o leitor – pesquisador e/ou professor de anos iniciais – a experimentar a realização de atividades como as descritas neste livro com alunos que estão em início de seus processos de escolarização. Sugerimos que selecionem atividades diversificadas e que observem os aprendizados que podem ser desenvolvidos por meio do uso da calculadora e que possam, então, juntar-se a nós na defesa deste recurso como um instrumento eficaz no desenvolvimento conceitual de nossos alunos.

Capítulo VI

Outras atividades com a calculadora

Ao longo deste livro, nos Capítulos II, III, IV e V, foram apresentadas atividades – de naturezas diferenciadas – que podem ser realizadas com alunos dos anos iniciais do Ensino Fundamental, com o intuito de familiarizá-los com este recurso de cálculo, bem como para propiciar o desenvolvimento de seus conhecimentos matemáticos. Estas atividades podem ser realizadas em sala de aula de forma similar ao apresentado neste livro, ou podem, ainda, serem adaptadas – seja em termos dos conceitos a serem abordados, seja em nível de complexidade das situações propostas – de acordo com as temáticas sendo trabalhadas e dos anos de escolarização nos quais o trabalho será desenvolvido.

Do ponto de vista da organização da sala de aula, os estudantes podem trabalhar em grupos ou individualmente, cabendo ao professor planejar a melhor organização para seu trabalho de acordo com a atividade a ser desenvolvida. O uso da calculadora também poderá ser planejado considerando a necessidade de cada aluno ter uma calculadora ou apenas ser utilizada uma calculadora por grupo. Há casos em que uma única calculadora para a sala de aula pode ser suficiente.

A seguir são apresentadas outras propostas de atividades com a calculadora que foram organizadas pelo tipo de atividade, pelo eixo matemático e pelos conceitos trabalhados.

Exploração do teclado/automatização/exploração conceitual

Além das atividades exploratórias apresentadas no Capítulo V, nas quais se sugere que os alunos experimentem e discutam o funcionamento de teclas como ON/OFF, C, CE, M+, M-, MRC, outras atividades, como a que segue, podem ser propostas com o objetivo dos alunos aprenderem a manusear bem as funções da calculadora e, ao mesmo tempo, refletirem sobre conceitos matemáticos.

Apertando a tecla "=" repetidas vezes

Esta atividade, além de levar o aluno a explorar o teclado da calculadora, também possibilita que ele reflita sobre os resultados da repetição de uma mesma operação sobre um número.

Usando a calculadora, realizem as operações que seguem e observem o que acontece ao se pressionar a tecla de igualdade repetidas vezes:

a) $0 + 3 = = =$

b) $2 + 3 = = =$

c) $74 + 3 = = =$

d) $74 - 3 = = =$

e) $10 - 2 = = =$ (Se o(a) professor(a) desejar discutir a existência de números negativos, pode solicitar que os alunos continuem a apertar a tecla de igualdade da calculadora até o surgimento de -2, -4, -6 etc.).

f) $1 \times 4 = = =$

g) $4 \times 4 = = =$

h) $64 \div 2 = = =$ (Se o(a) professor(a) desejar discutir o surgimento de números decimais, pode solicitar que os alunos continuem a apertar a tecla de igualdade da calculadora até o surgimento de 0.5; 0.25; 0.125 etc.).

Outras atividades com a calculadora

Os números e as operações a serem propostos aos alunos devem ser adaptados pelo(a) professor(a) para a ordem de grandeza que se deseja trabalhar.

Explorando o valor posicional do Sistema de Numeração Decimal (SND)

No Capítulo II, sugere-se que se observem padrões ao se adicionar, na calculadora, unidades, dezenas e centenas, possibilitando que os alunos reflitam a respeito do valor posicional do SND. Outra proposta nessa mesma direção é a que segue.

Com a calculadora, realizem uma operação única, de modo que as seguintes transformações ocorram:

a)   Transforme 7777 em 7000

b)   Transforme 7777 em 7007

c)   Transforme 7777 em 707

d)   Transforme 7777 em 70

e)   Transforme 7777 em 7

Extrapolando o valor posicional do SND ao caso dos números racionais

No Capítulo II, também é sugerida a observação de padrões ao se adicionar, na calculadora, unidades, décimos e centésimos com o objetivo de verificar que as regras do SND extrapolam o campo dos números naturais e são aplicadas também aos números racionais. A proposta que segue tem como objetivo auxiliar os alunos a refletirem sobre o valor posicional de números decimais.

Usando a calculadora, realizem uma operação única, de modo que as seguintes transformações ocorram:

a)   Transformar 873,873 em 800,873

b)   Transformar 96,96 em 0,96

c)   Transformar 222,2 em 2,2

d)   Transformar 454,5 em 404

Elaboração de propostas de transformação pelos alunos

Uma alternativa para a atividade anterior é solicitar que, em duplas, os alunos elaborem questões como as propostas acima. Pode haver uma troca das questões entre duplas para que cada dupla realize, na calculadora, as transformações solicitadas.

Resolução de situações-problemas com grandezas e medidas

Uma atividade semelhante pode ser proposta dentro de situações-problema que envolvam grandezas e medidas.

Com o auxílio da calculadora, determine o que falta em cada situação para se chegar ao todo requerido:

a) Sr. João precisa de 6,25 metros de madeira para a confecção de um rodapé. Ele já possui 5 metros. Quanto falta?

b) Marina quer comprar um brinquedo que custa R$ 42,75. Ela contou o dinheiro que tem e observou que já possui R$ 27,50. Quanto ainda lhe falta?

c) Fabiano está fazendo regime para diminuir seu peso. Ele tinha 75,75 kg e já perdeu 5 kg. Se ele deseja ficar com 70 kg, quanto ainda lhe falta perder?

Outras situações podem ser propostas, envolvendo outras grandezas e variando as ordens dos números envolvidos.

Exploração conceitual de operações aritméticas

Decomposição de números

Uma possibilidade de uso da calculadora para explorar a decomposição de um número com as crianças é a que se segue.

Faça uma adição na calculadora e encontre o número 10. Compare com os colegas. De quantas formas vocês fizeram? Há outras? Quais?

Nesta atividade, o registro das resoluções obtidas pelas crianças é fundamental para que as mesmas possam analisar e perceber que o mesmo número pode ser decomposto de diversas formas. Outras ordens de grandeza podem ser envolvidas na atividade, dependendo do nível de complexidade desejada.

Multiplicação por 10, 100 e 1.000

Esta atividade pode proporcionar ao aluno a reflexão sobre a multiplicação por 10, 100 e 1.000.

> Observe o que acontece de 1 a 9 ao ser multiplicado por 10 na calculadora. Agora multiplique por 100 estes mesmos números. Também multiplique por 1.000. Anote os resultados no quadro que segue. Qual a sua conclusão?
>
> | X | 10 | 100 | 1000 |
> |---|----|-----|------|
> | 1 | | | |
> | 2 | | | |
> | 3 | | | |
> | 4 | | | |
> | 5 | | | |
> | 6 | | | |
> | 7 | | | |
> | 8 | | | |
> | 9 | | | |

Uso restrito de teclas da calculadora

Semelhante às atividades de 'tecla quebrada', como as descritas no Capítulo IV, nas quais uma ou mais teclas não devem ser utilizadas na operacionalização, pode-se propor que os alunos reflitam sobre as operações aritméticas a partir de atividades nas quais apenas algumas teclas da calculadora podem ser usadas.

As atividades que seguem foram adaptadas de situações propostas no *site* http://www.aulavaga.com.br/jogos/puzzle/calculadora-quebrada/.

a) Apenas com as teclas **AC, X, +, =, 2** e **3**, vejam quantos minutos vocês levam para encontrar os seguintes números:

6 7 8 10 12 15 20 50

b) Qual o mínimo de teclas a serem utilizadas para se chegar ao 50 apenas usando as teclas acima?

c) Apenas com as teclas **M-, MRC, AC, X, –, =, 2** e **5**, vejam quantos minutos vocês levam para encontrar os seguintes números:

10 1 3 10 24 32 100 625

d) Apenas com as teclas **M-, MRC, AC, X, ÷, =, 1, 2** e **0**, vejam quantos minutos vocês levam para encontrar os seguintes números:

3 4 5 6 7 8 9 10

Explorando a divisão como geradora de números decimais e comparando resultados obtidos na calculadora com registros escritos

À semelhança do proposto no Capítulo II e no Capítulo IV, na atividade que segue propõe-se que os alunos reflitam sobre a extensão do campo de números naturais para o campo dos racionais via operação de divisão.

Resolvam as operações que seguem no lápis e no papel e, em seguida, na calculadora. Discutam as diferenças obtidas (o resto 1 no cálculo no papel e 0.5 obtido na calculadora):

$13 \div 2$ $17 \div 2$ $19 \div 2$ $21 \div 2$

Explorando a multiplicação de decimais

Com o objetivo de explorar a multiplicação de decimais, refletindo sobre o produto da multiplicação que, em alguns casos, poderá gerar um número menor, sugerimos a seguinte atividade.

> Digite o número 1 em sua calculadora. Multiplique por 0,5. Qual o resultado? Multiplique novamente por 0,5. Qual o resultado? Será que multiplicar sempre aumenta? O que você pode concluir?

É comum crianças nos anos iniciais conceberem a multiplicação como uma operação que sempre "aumenta". Situações como a proposta podem auxiliar a criança a refletir sobre casos nos quais multiplicar gera valores menores.

Interpretando a adequação, ou não, de resultados decimais

Explorando ainda a divisão realizada na calculadora, pode-se, à semelhança da discussão sugerida nos Capítulos II e IV, discutir com os alunos quando se deve considerar um resultado com decimal (em situações de divisão partitiva) e quando o quociente obtido deve ser arredondado para o próximo número inteiro.

> Resolvam as situações que seguem e discutam quais as respostas mais adequadas.
>
> a) 5 chocolates devem ser repartidos igualmente entre 4 crianças. Quanto caberá a cada uma? Neste caso (situação distributiva), discutir-se-á o que significa o valor obtido na calculadora (1,25) e como é adequado afirmar que cada criança receberá 1,25 chocolates, ou seja, 1 chocolate e ¼ de um chocolate.
>
> b) 5 crianças devem ser distribuídas em 4 equipes. Quantas crianças ficarão em cada equipe? Neste caso (situação partitiva), discutir-se-á que não é possível que cada equipe fique com 1,25, mas que a criança que sobrou deve ser alocada para uma das equipes.

Muitas outras situações como essas podem ser propostas para que os alunos julguem a adequação, ou não, de números decimais como respostas.

COLEÇÃO "TENDÊNCIAS EM EDUCAÇÃO MATEMÁTICA"

Explorando diferentes representações

É importante que em sala de aula os alunos sejam estimulados a compararem diferentes representações de um mesmo conceito matemático. Neste caso, trabalhando em grupos, pode-se solicitar que um aluno use a calculadora, outro resolva por escrito e outro use o cálculo mental, por exemplo. Os resultados e as estratégias de resolução devem ser comparados, gerando discussão sobre as diferentes estratégias utilizadas e as diferentes notações obtidas. Neste tipo de atividade proposta, trabalhar com situações que envolvam a operação de divisão inexata é uma opção interessante para promover a discussão do resto obtido. A atividade proposta a seguir envolve a resolução de situações com uso da calculadora, do registro escrito e do cálculo mental.

Divida os alunos em grupos de três. Apresentam-se dois problemas de divisão inexata, solicitando que um dos alunos do grupo use a calculadora para resolver os problemas, o outro o papel e lápis, e, o terceiro, resolva por cálculo mental.

1) Dona Maria fez 29 cachorros-quentes para uma festa. Ela colocou-os em duas bandejas com a mesma quantidade. Quantos cachorros-quentes ficaram em cada bandeja?

2) João fez 29 pizzas para um jantar. Ele colocou as pizzas em quatro mesas, com cuidado para ficar em cada mesa a mesma quantidade de pizza. Quantas pizzas ficaram em cada mesa?

Após todos os alunos resolverem, junte novamente o grupo e solicite que:

a) Comparem as resoluções obtidas.

b) Discutam o significado do resultado obtido na calculadora.

102

Outras atividades com a calculadora

Um aspecto ao qual o professor(a) deve estar atento é a leitura dos números decimais. A própria leitura já pode sugerir dificuldades na compreensão desses números. Algumas crianças leem o número decimal desconsiderando a vírgula, tratando o número como inteiro; outras desprezam o valor decimal, pronunciando apenas o inteiro; outras tratam o número decimal como dois inteiros (um antes da vírgula; outro depois da vírgula). A calculadora oferece uma boa oportunidade para refletir a respeito da leitura do número decimal e sobre o significado desse número. Inclusive, a leitura adequada de um número decimal não necessariamente garante que a criança esteja entendendo o seu significado. Atividades com divisão inexata, como as atividades anteriormente apresentadas e a que se segue, são sugestões interessantes para refletir sobre números decimais.

> Ao resolver o problema "Dona Marta tem 9 maçãs para dividir com 4 crianças", João encontrou no visor da calculadora 2.25. Como se lê este resultado? E o que ele significa?

A relação entre operações inversas

Como discutido no Capítulo V, a calculadora também pode ser utilizada em situações que possibilitem aos alunos refletirem sobre as relações inversas das operações aritméticas ou complementação entre quantidades. A seguir, duas propostas de atividades neste sentido.

> Quais operações podem ser realizadas na calculadora, de modo a se descobrir os números desconhecidos?
>
> a)   ? + 376 = 1.000
> b)   ? − 784 = 3.500
> c)   786 + ? = 1.250
> d)   555 − ? = 26

Nas duas primeiras situações, os alunos poderão observar a necessidade de inverter as operações (1.000 − 376 ; 3.500 + 784),

103

mas, nas duas últimas, a ideia que está presente é de complementação. Assim, a subtração é indicada como forma de encontrar os valores complementares (1.250 − 786; 555 − 26). Os alunos também podem ser estimulados a usarem a calculadora para verificarem se os resultados obtidos estão corretos, ou seja, 624 + 376 = 1.000; 4.284 − 784 = 3.500; 786 + 464 = 1.250; 555 − 529 = 26.

> Digite o número 12 na calculadora. Faça duas operações para que no visor da calculadora apareça novamente o número 12. Que operações foram realizadas? O que você observou?

Nesta situação, o objetivo é que o aluno perceba que adição e subtração são operações inversas, tal como multiplicação e divisão.

Realizando estimativas e confirmando resultados

Como já discutido no Capítulo V, a calculadora pode ser utilizada também de forma rica em atividades de estimativa e de realização de cálculos para confirmar resultados. A atividade que segue possui esta proposta.

> Estimem e registrem suas estimativas das operações que seguem. Em seguida, realizem as operações com auxílio da calculadora e façam novos registros. Utilizem a calculadora mais uma vez para verificarem o quanto suas estimativas se aproximaram do resultado exato.
>
> a)   676 + 2.537
> b)   2.834 ÷ 5
> c)   724 × 9
> d)   10.543 − 3.487

Várias outras operações – variando ordens de grandeza (envolvendo apenas unidades ou com dezenas, centenas, unidades de milhares, etc.) ou natureza dos números (apenas naturais, apenas

Outras atividades com a calculadora

racionais, naturais e racionais) – podem ser propostas aos alunos, nos quais a calculadora será um recurso muito útil para se pensar nas estimativas e na realização de operações aritméticas.

Alívio da carga de operacionalização no tratamento de informações

No Capítulo II, foi apresentada uma sugestão de levantamento e de registro em tabela de alturas dos alunos e cálculo de média. Este é uma das muitas possibilidades de exploração possível com dados, os quais podem ser processados com o auxílio da calculadora. A situação que segue é outra entre as muitas possibilidades de trabalho nos anos iniciais do Ensino Fundamental – em particular quando os alunos estejam trabalhando com conceitos mais avançados das estruturas multiplicativas, como a porcentagem.

A partir dos dados do IBGE referentes às populações do Nordeste, segundo as Unidades da Federação, nos períodos de 2001 a 2004, respondam às questões que seguem.

Unidades da Federação	2001	2002	2003	2004
Maranhão	5.777.948	5.858.618	5.940.079	6.021.504
Piauí	2.889.071	2.918.280	2.947.776	2.977.259
Ceará	7.617.246	7.736.257	7.856.436	7.976.563
R. G. do Norte	2.840.124	2.880.527	2.921.326	2.962.107
Paraíba	3.486.387	3.513.534	3.540.948	3.568.350
Pernambuco	8.056.963	8.145.381	8.234.666	8.323.911
Alagoas	2.876.723	2.911.232	2.946.079	2.980.910
Sergipe	1.835.785	1.868.513	1.901.561	1.934.596
Bahia	13.275.193	13.409.108	13.544.336	13.682.074

a) Qual o crescimento percentual de cada um dos estados (Unidades da Federação) entre 2001 e 2004?

b) Qual estado obteve maior crescimento percentual entre 2001 e 2004?

c) Qual estado obteve menor crescimento percentual entre 2001 e 2004?

d) Qual a diferença percentual do maior e do menor crescimento observado?

Várias outras questões podem ser propostas pelo(a) professor(a) ou pelos alunos a partir destes dados ou de outros apresentados em tabelas ou gráficos.

Usando a calculadora para brincadeiras e jogos

No Capítulo IV, foram relatadas situações de brincadeiras e de jogos que podem ser realizadas nas salas de aula dos anos iniciais do Ensino Fundamental, como o jogo no qual o objetivo era realizar divisões e levar o colega a chegar ao resultado 1 (um). Seguem outras opções de jogos.

Par ou ímpar

Um dos jogadores terá como objetivo obter, no final, um número par e o outro tentará obter um número ímpar, não sendo possível multiplicar ou dividir por zero. Os algarismos (0, 1, 2, 3, 4, 5, 6, 7, 8 e 9) e os sinais de operação (+ , – , x, ÷) só podem ser utilizados uma única vez. Para evitar repetições, registram-se os algarismos e os sinais, e os mesmos são riscados à medida que são utilizados. Sendo determinado – de forma previamente combinada – quem iniciará o jogo, o primeiro jogador digita um algarismo e uma operação. O outro jogador digita outra operação a partir do resultado obtido. Se for efetuada uma divisão resultando em número decimal, apenas a parte inteira será considerada. Ganhará o jogador 'par' se no final (após o uso de todos os algarismos e sinais) o número for par ou o jogador 'ímpar', se o número for ímpar.

Outras atividades com a calculadora

Vale ressaltar que, no jogo, os alunos constantemente se valerão de cálculos mentais com o objetivo de obter números que favoreçam as suas vitórias.

Adivinhando o número pensado

O(a) professor(a) pensa num número (o número de algarismos depende do nível de dificuldade desejada) e pede a um aluno que diga outro número para começar. O(a) professor(a) diz uma operação no sentido de orientar o quanto o número inicial se aproxima ou se afasta do número alvo. Solicita-se a outro aluno que diga outro número e os alunos realizam a operação na calculadora. Assim sucedem até o número alvo ser alcançado.

Um exemplo da brincadeira está representado a seguir de forma que, na primeira coluna, registra-se o que o(a) professor(a) diz e, na segunda coluna, o que os alunos dizem. Neste caso, o(a) professor(a) pensou no número 125.

Professor(a) diz	Os alunos dizem	Número obtido
	5	
x	6	30
x	4	120
+	9	129
−	6	123
+	2	125

Várias outras atividades podem ser realizadas com a calculadora. Esperamos ter estimulado – a partir das discussões efetuadas e sugestões apresentadas – o uso da calculadora nas salas de aula dos anos iniciais do Ensino Fundamental, bem como a busca – em livros e via internet – por outras atividades a serem trabalhadas junto aos alunos, com o objetivo de levá-los ao desenvolvimento de seus conhecimentos matemáticos.

Capítulo VII

Finalizando o livro e começando um trabalho diferente em sala de aula

Depois de várias páginas de leitura deste livro, esperamos que qualquer dúvida a respeito do uso da calculadora em sala de aula, suas possibilidades e seus limites, tenha sido dissipada. As possibilidades de uso da calculadora na sala de aula são inúmeras (exploração de conceitos, agilidade nos cálculos, conferência de resultados, diversão, etc.) e a repercussão deste uso na aprendizagem é imensa. Entretanto, muitas vezes, ao enaltecermos uma determinada ferramenta no ensino, há uma compreensão de que outras devem ser descartadas. Não estamos dizendo isso. Ou seja, o fato da calculadora enriquecer o processo de ensino e de aprendizagem não quer dizer de forma alguma que devemos acabar com o ensino do algoritmo ou com o uso do papel e do lápis na resolução de problemas. Ao contrário, o papel e o lápis permitem ao aluno acompanhar os passos percorridos na resolução de um problema e amplia as possibilidades de estratégias que podem ir desde o desenho até o algoritmo.

É necessário também, neste capítulo, ressaltarmos a importância do uso de novas tecnologias nos processos de ensino e de aprendizagem. Inicialmente vamos considerar a análise de Vergnaud (1987) sobre a formação dos conceitos. Como já mencionamos no Capítulo III, o conceito, segundo

Vergnaud, é constituído por um tripé de invariantes, situações e representações. Cada uma dessas dimensões contribui na construção dos conceitos e, então, é grande a necessidade que o professor tem em planejar uma gama diversificada de atividades e de sequências didáticas que possibilitem aos estudantes uma compreensão mais ampla dos conceitos trabalhados. O uso da calculadora como vimos no quarto capítulo possibilita que regularidades possam ser observadas, contribuindo para a construção conceitual dos estudantes, e que processos de cálculo sejam realizados de forma mais ágil e sem erros. Entretanto, o uso da calculadora também favorece a visão de que o eixo principal do ensino tem que ser a compreensão das relações envolvidas nos problemas. Como já foi descrito nos capítulos anteriores, a calculadora apenas opera o que foi digitado, mas quem resolve o que vai ser operado, quem define os passos a serem seguidos, a estratégia de resolução, é o seu utilizador. Nessa direção, Vergnaud (1982) já ressaltava que as maiores dificuldades dos estudantes estavam na compreensão do cálculo relacional e não no cálculo numérico envolvido nos problemas.

Esse tipo de análise muda radicalmente a direção dada aos processos de ensino e de aprendizagem: ao invés de se enfatizar o ensino dos algoritmos, passa-se a enfatizar a compreensão das relações numéricas, das estratégias utilizadas. As mudanças também acontecem na própria organização da sala de aula, favorecendo o trabalho em grupo, as interações, as sistematizações e a comunicação dos conhecimentos trabalhados.

Ainda refletindo sobre a contribuição da calculadora no desenvolvimento matemático dos estudantes, Borba e Villarreal (2005) e Borba e Santos (2005) apresentam a noção de seres-humanos-com-mídias como sujeitos da produção de conhecimento, mostrando que o pensamento é sempre influenciado por diferentes mídias. Assim, o pensamento e as formas de organização do mesmo são modificados pelas mídias disponíveis a cada momento histórico. Podemos citar o papel e o lápis, bem como a oralidade que exerceram e exercem até os dias atuais, como grandes influenciadores dos processos de pensamento e de sua organização na história humana. Hoje,

Finalizando o livro e começando um trabalho diferente em sala de aula

com o avanço da informática, temos que considerar também todas as tecnologias mais recentes que atuam sobre a produção do conhecimento. O uso da internet viabilizando a educação a distância, por exemplo, tem possibilitado novas relações do ser humano com a produção de conhecimento a partir do uso de interfaces informatizadas. Isso demonstra que as tecnologias não são apenas externas ao aprendizado do ser humano, mas que elas atuam nos próprios processos humanos de aprendizagem e de produção de conhecimento. Esse aspecto também foi discutido por Meira (1998) ao analisar as representações e refletir sobre o conceito de transparência. Segundo este autor, a transparência de um recurso representacional não pode ser avaliada apenas a partir da fidelidade epistêmica, ou seja, a partir da qualidade das relações entre o material e o domínio do conhecimento que se deseja ensinar. A transparência de um material é definida principalmente em seu processo de uso, mediada por seus participantes, em suas práticas socioculturais específicas. Assim, é fundamental analisar como as tecnologias são utilizadas e transformadas pelos estudantes ao serem inseridas em suas práticas, dando sentido a ideias e processos matemáticos.

Estas discussões acerca do papel das representações realizadas por diferentes autores são importantes, pois realçam o papel das tecnologias no mundo atual e trazem uma nova dimensão de seus usos na escola. As tecnologias, e neste grupo enfatizamos a calculadora, não podem ficar à margem da escola, na medida em que elas não podem ser vistas apenas como resultado da construção do homem, mas também devem ser vistas como influenciadoras do próprio processo humano de construção e de produção de conhecimento. É uma relação dinâmica de total inter-relação; as tecnologias são produções humanas, mas, por sua vez, atuam e modificam os próprios processos humanos de pensamento.

Voltando-nos para o desenvolvimento matemático, não se pode admitir que concepções equivocadas como vimos no Capítulo II, que ainda consideram que a calculadora gera preguiça mental, sejam ditadoras do não uso de tecnologias na

111

escola ou que limitem fortemente o uso das mesmas. Se mantivermos esta visão, prestaremos um desserviço à educação. Estamos inviabilizando que muitas crianças avancem nas suas aprendizagens e possam viver melhor no mundo atual. As tecnologias continuam avançando fora da escola e cabe a ela (a escola) participar deste processo e ampliá-lo, potencializando os benefícios das tecnologias em prol do desenvolvimento do conhecimento dos estudantes.

Do ponto de vista do uso da calculadora, vários benefícios foram abordados ao longo desta obra para o uso desta ferramenta na sala de aula. Assim, consideramos que temos que abandonar esta visão equivocada que coloca nas ferramentas tecnológicas um poder que as mesmas não possuem, de restringir o desenvolvimento cognitivo, e apostar nas possibilidades que estas tecnologias trazem para este desenvolvimento. Talvez o momento agora seja muito mais de possibilitar a formação do professor para um uso adequado das tecnologias, aproveitando as potencialidades destas ferramentas. Assim, é fundamental que o professor em seu planejamento selecione que ferramentas podem ser utilizadas e organize as situações em que as mesmas devem ser utilizadas. Cabe ao professor a responsabilidade de analisar as propostas didáticas e ver em que momento é benéfico o uso de cada tecnologia, a comparação dos resultados, usando-se recursos diferentes, as possibilidades de desenvolvimento matemático a partir das situações apresentadas. Chamamos a atenção para afirmar que a calculadora pode ajudar o professor a focalizar determinados aspectos de situações matemáticas que, sem esta ferramenta, seriam mais difíceis ou mesmo impossíveis de serem analisados. Este é o caso de sequências numéricas regulares que, dependendo dos cálculos exigidos, levam os estudantes a prestarem mais atenção nos cálculos do que na análise da sequência.

Também devemos considerar que, inicialmente, o próprio manuseio da calculadora na sala de aula já atua como elemento motivador. Ao longo das pesquisas realizadas, observamos a alegria das crianças ao manusearem a calculadora, ao descobrirem o uso das teclas "diferentes", ao vislumbrar as possibilidades de uso dela. A comparação dos resultados obtidos no cálculo escrito e na calculadora sempre foi interessante. Ao encontrarem um resultado discrepante, as crianças repetiam as digitações realizadas na calculadora e depois, vendo a diferença do resultado obtido na calculadora com o procedimento escrito, observavam os cálculos realizados para descobrirem os erros. São várias as situações que podem ser utilizadas, como descrevemos ao longo deste livro.

Ressaltamos, ainda, o papel do professor neste processo. Planejamento continua sendo um aspecto fundamental e mais ainda agora, quando as alternativas são multiplicadas com as tecnologias disponíveis. Os livros didáticos (como mostramos no Capítulo V) já apresentam algumas propostas para o uso da calculadora em sala de aula. Mas também, como verificamos, as propostas devem ser analisadas, pois apresentam diferentes objetivos e muitos livros ainda priorizam apenas um ou dois aspectos a serem trabalhados. Ao mesmo tempo, sabemos que o professor pode e deve sempre recriar e reconstruir o próprio livro e não seguir cegamente as atividades propostas. Nesta direção, o professor pode acrescentar atividades e ampliar as propostas presentes no livro didático adotado. Várias sugestões de atividades foram apresentadas ao longo desta obra, inclusive muitas com efetivo uso em sala de aula por professores, como as apresentadas no Capítulo IV. Estas e outras construídas pelo próprio professor já podem servir como marco inicial para o uso da calculadora na sala de aula.

Outro aspecto que consideramos essencial de ser comentado é a elaboração de uma proposta pedagógica da escola em relação ao uso das tecnologias que perpasse todos os níveis e modalidades de ensino, para que o uso de ferramentas tecnológicas não fique à mercê da decisão de um ou de outro professor e que não tenha uma continuidade ao longo do percurso escolar do estudante. Nesta direção, é urgente também que se faça a conscientização da comunidade escolar como um todo (pais, alunos, professores, gestores, etc) para a importância do trabalho envolvendo tecnologias na escola.

Coleção "Tendências em Educação Matemática"

Queremos, por fim, enfocar o desafio que é para o estudante e, principalmente, para o professor se inserir e se apropriar deste mundo tecnológico em que as mudanças são rápidas demais. Realmente é um grande desafio, que, inclusive, tem que ser enfrentado pelos cursos de formação inicial e continuada de professores. Mas o ponto de partida é que o professor deseje incorporar as tecnologias às suas aulas, conhecedor de seus benefícios e de seus limites. É por isso que este capítulo finaliza o livro, mas também aponta o início de um novo trabalho em sala de aula. Esperamos ter contribuído ao tratarmos do uso da calculadora por parte de diferentes *atores* – alunos, professores, autores de livros didáticos e pesquisadores, entre outros – quanto à importância desta ferramenta no desenvolvimento do conhecimento matemático.

Referências

ARAÚJO, Luíza. *Uma análise das competências de cálculos de crianças que usaram calculadora em sua formação.* Dissertação (Mestrado em Educação) – Universidade Federal de Pernambuco, Recife, 2002.

BIGODE, Antônio José Lopes. Explorando o uso da calculadora no ensino da Matemática. In: *Projeto SESC Ler - Encontro de Formação Continuada: "Aprofundando a Língua Portuguesa e Matemática".* RSSSB/ dezembro de 1997.

BORBA, Marcelo. Tecnologias informáticas na educação matemática e reorganização do pensamento. In: BICUDO, M. A. V. (Org.). *Pesquisa em educação matemática: concepções e perspectivas.* São Paulo: Ed. UNESP, 1999.

BORBA, Marcelo; ARAÚJO, Jussara. *A pesquisa qualitativa em educação matemática.* Belo Horizonte: Autêntica, Coleção Tendências em Educação Matemática, 2006.

BORBA, Marcelo; PENTEADO, Miriam. *Informática e educação matemática.* Belo Horizonte: Autêntica, 2005. (Coleção Tendências em Educação Matemática)

BORBA, Marcelo; SANTOS, Silvana. Educação matemática: propostas e desafios. *EccoS – Revista Científica.* São Paulo: v.7, n. 2, p. 291-312, jul./dez., 2005.

BORBA, Marcelo; VILLARREAL, M. E. *Human-with-media and the reorganization of mathematical thinking:* infomration and communication technologies, modeling, experimentation and visualization. I ed. Nova Iorque: Springer, 2005.

BORBA, Rute; SELVA, Ana. Children's difficulties in dealing with remainders in division problems. In: *Anais da XII Conferência Interamericana de Educación Matemática*. Querétaro, 2007.

BRASIL. Secretaria de Educação Fundamental. *Parâmetros Curriculares Nacionais: Matemática*. Brasília: Secretaria de Educação Fundamental. MEC-SEF, 1997.

BRASIL. *Programa Nacional do Livro Didático*. Brasília: MEC-SEF, 2000.

BRASIL. Ministério da Educação/Secretaria de Educação Fundamental. *Guia Nacional do Livro Didático de Matemática (1ª a 4ª séries) – PNLD 2004*. Brasília: Secretaria de Ensino Fundamental, 2003.

BRASIL. Ministério da Educação/Secretaria de Educação Fundamental. *Guia Nacional do Livro Didático de Matemática (1ª à 4ªséries) – PNLD 2007*. Brasília: Secretaria de Ensino Fundamental, 2006.

CARVALHO, José Pitombeira; LIMA, Paulo Figueiredo. *O PNLD e a influência sobre os livros didáticos de Matemática*. Rio de Janeiro: 2002. (Texto não publicado).

CYSNEIROS, Paulo Gileno. Gestão escolar, parâmetros curriculares e novas tecnologias na escola. In: RAMOS, E.; ROSATELLI, M.; WAZALAWICK, R. (Orgs.). *Informática na escola: um olhar multidisciplinar*. Fortaleza: Editora UFC, 2003.

D'AMBRÓSIO, Ubiratan. *Etnomatemática: elo entre as tradições e a modernidade*. 2 ed. Belo Horizonte: Autêntica, 2002.

DA ROCHA FALCÃO, Jorge. *Psicologia da educação matemática: uma introdução*. Belo Horizonte: Autêntica, 2003. (Coleção Tendências em Educação Matemática)

DUFFIN, Janet. The role of calculators. In: THOMPSON, Ian (Ed.) *Teaching and learning early numbers*. UK: Open University Press, 1997.

DUVAL, Raymond. Registro de representações semióticas e funcionamento cognitivo da compreensão em Matemática. In: MACHADO, Silvia (Org.) *Aprendizagem em Matemática: registro de representação semiótica*. Campinas: Papirus, 2003.

GROVES, Susan. The effect of calculator use on third and fourth graders' computation and choice of calculating device. In: *Proceedings of the 18th International Conference for the Psychology of Mathematics Education, PME 18*, vol. 3. Lisboa, 1994.

MEDEIROS, Kátia. A influência da calculadora na resolução de problemas matemáticos abertos. *Educação Matemática em Revista*. São Paulo: v. 14, p. 19-28, 2003.

Referências

MEIRA, Luciano. Making sense of instructional devices: The emergence of transparency in mathematical activity. *Journal for Research in Mathematics Education*. Estados Unidos: v. 29, n. 2, p. 121-142, 1998.

MOREIRA, Plínio; DAVID, Maria Manuela. *A formação matemática do professor. Licenciatura e prática docente escolar.* Belo Horizonte: Autêntica, 2005. (Coleção Tendências em Educação Matemática)

NISS, Mogens. O projeto dinamarquês KOM e suas relações com a formação de professores. In: BORBA, M. (Org.). *Tendências internacionais em formação de professores de Matemática.* Belo Horizonte: Autêntica, 2006. (Coleção Tendências em Educação Matemática)

NORONHA, Claudianny Amorim; SÁ, Pedro Franco. A calculadora em sala de aula: por que usar. In: CUNHA, Emmanuel; SÁ, Pedro Franco (Org.). *Ensino e Formação Docente*: propostas, reflexões e práticas. 1. ed. Belém: A2 comunicação, 2002, p. 119-134.

NUNES, Terezinha; BRYANT, Peter. *Learning and teaching mathematics: an international perspective.* London: Psychology Press, 1997.

PAIS, Luiz Carlos. *Didática da Matemática: uma análise da influência francesa.* Belo Horizonte: Autêntica, 2001. (Coleção Tendências em Educação Matemática)

PIMENTA, Selma Garrido. Para uma ressignificação da didática – Ciências da Educação, Pedagogia e Didática – Uma revisão conceitual e uma síntese provisória. *Anais do VIII Encontro Nacional de Didática e Prática de Ensino, VII Endipe.* Florianópolis, 1996.

RUTHVEN, Kenneth. Calculator use by upper-primary pupils tackling a realistic number problem. In: *Proceedings of the 21st International Conference for the Psychology of Mathematics Education, PME 21,* vol. 4. Finlândia, 1999.

SÁ, Pedro Franco; JUCÁ, Rosineide. A máquina de calcular como recurso didático no ensino dos números decimais. *Anais do XVII Encontro Paraense de Educação Matemática, XVII EPEM.* Belém do Pará, junho de 2005.

SCHÖN, Donald. *The reflective practitioner.* Nova Iorque: Basic Books Publishers, 1983.

SELVA, Ana. A resolução de problemas de divisão: o que já sabemos? Como podemos contribuir para a sala de aula? In: GUIMARÃES, Gilda; BORBA, Rute (Orgs.). *Reflexões sobre o ensino de matemática nos anos iniciais de escolarização.* Recife: SBEM, 2009.

SELVA, Ana; BORBA, Rute. O uso de diferentes representações na resolução de problemas de divisão inexata: analisando a contribuição da calculadora. In: *Boletim GEPEM*, N.47, jul/dez 2005.

SILVA, Vilma; SILVA, Ozileide; BORBA, Rute; AGUIAR, Maria Cecília; LIMA, José Maria. Uma experiência de ensino de fração articulada ao decimal e à porcentagem. *Educação Matemática em Revista*, N. 8, junho de 2000.

SOARES, Magda. Um olhar sobre o livro didático. *Presença Pedagógica*, v.2 (12). Belo Horizonte: Editora Dimensão, 1996.

TARDIFF, Maurice. *Saberes profissionais dos professores e conhecimentos universitários*. Mimeo. Artigo apresentado na Pontifícia Universidade Cat – Rio, 1999.

VERGNAUD, Gérard. A classification of cognitive tasks and operations of thought involved in addition and subtraction problems. In: CARPENTER, T.; MOSER, J.; ROMBERG, T. A.(Eds.). *Addition and Subtract: a cognitive perspective*. New Jersey: LEA.

VERGNAUD, Gérard. Conclusions. In: JANVIER, C. (Ed.). *Problems of representation in the teaching and learning of Mathematics*. Hillsdale, NJ: Lawrence Erlbaum, 1987.

Outros títulos da coleção

"Tendências em Educação Matemática"

A matemática nos anos iniciais do ensino fundamental – Tecendo fios do ensinar e do aprender

Autoras: Adair Mendes Nacarato , Brenda Leme da Silva Mengali , Cármen Lúcia Brancaglion Passos

Neste livro, as autoras discutem o ensino de matemática nas séries iniciais do ensino fundamental num movimento entre o aprender e o ensinar. Consideram que essa discussão não pode ser dissociada de uma mais ampla, que diz respeito à formação das professoras polivalentes – aquelas que têm uma formação mais generalista em cursos de nível médio (Habilitação ao Magistério) ou em cursos superiores (Normal Superior e Pedagogia). Nesse sentido, elas analisam como têm sido as reformas curriculares desses cursos e apresentam perspectivas para formadores e pesquisadores no campo da formação docente. O foco central da obra está nas situações matemáticas desenvolvidas em salas de aula dos anos iniciais. A partir dessas situações, as autoras discutem suas concepções sobre o ensino de matemática a alunos dessa escolaridade, o ambiente de aprendizagem a ser criado em sala de aula, as interações que ocorrem nesse ambiente e a relação dialógica entre alunos-alunos e professora-alunos que possibilita a produção e a negociação de significado.

Análise de erros – O que podemos aprender com as respostas dos alunos

Autora: Helena Noronha Cury

Nesse livro, Helena Noronha Cury apresenta uma visão geral sobre a análise de erros, fazendo um retrospecto das primeiras pesquisas na área e indicando teóricos que subsidiam investigações sobre erros. A autora defende a ideia de que a análise de erros é uma abordagem de pesquisa e também uma metodologia de ensino, se for empregada em sala de aula com o objetivo de levar os alunos a questionarem suas próprias soluções. O levantamento de trabalhos sobre erros desenvolvidos no País e no exterior, apresentado na obra, poderá ser usado pelos leitores segundo seus interesses de pesquisa ou ensino. A autora apresenta sugestões de uso dos erros em sala de aula, discutindo exemplos já trabalhados por outros investigadores. Nas conclusões, a pesquisadora sugere que discussões sobre os erros dos alunos venham a ser contempladas em disciplinas de cursos de formação de professores, já que podem gerar reflexões sobre o próprio processo de aprendizagem.

Brincar e jogar – Enlaces teóricos e metodológicos no campo da educação matemática

Autor: Cristiano Alberto Muniz

Neste livro, o autor apresenta a complexa relação jogo/brincadeira e a aprendizagem matemática. Além de discutir as diferentes perspectivas da relação jogo e Educação Matemática, ele favorece uma reflexão do quanto o conceito de Matemática implica a produção da concepção de jogos para a aprendizagem, assim como o delineamento conceitual do jogo nos propicia visualizar novas possibilidades de utilização dos jogos na Educação Matemática. Entrelaçando diferentes perspectivas teóricas e metodológicas sobre o jogo, ele apresenta análises sobre produções matemáticas realizadas por crianças em processo de escolarização em jogos ditos espontâneos, fazendo um contrapondo às expectativas do educador em relação às suas potencialidades para a aprendizagem matemática. Ao trazer reflexões teóricas sobre o jogo na Educação Matemática e revelar o jogo efetivo das crianças em processo de produção matemática, a obra tanto apresenta subsídios para o desenvolvimento da investigação científica quanto para a práxis pedagógica por meio do jogo na sala de aula de Matemática.

Da etnomatemática a arte-design e matrizes cíclicas

Autor: Paulus Gerdes

Neste livro o leitor encontra uma cuidadosa discussão e diversos exemplos de como a matemática se relaciona com outras atividades humanas. Para o leitor que ainda não conhece o trabalho de Paulus Gerdes, esta publicação sintetiza uma parte considerável da obra desenvolvida pelo autor ao longo dos últimos 30 anos. E para quem já conhece as pesquisas de Paulus, aqui são abordados novos tópicos, em especial as matrizes cíclicas, ideia que supera não só a noção de que a matemática é independente de contexto e deve ser pensada como o símbolo da pureza, mas também quebra, dentro da própria matemática, barreiras entre áreas que muitas vezes são vistas de modo estanque em disciplinas da graduação em matemática ou do ensino médio.

Descobrindo a Geometria Fractal para a sala de aula

Autor: Ruy Madsen Barbosa

Nesse livro, Ruy Madsen Barbosa apresenta um estudo dos belos fractais, voltado para seu uso em sala de sula, buscando a sua introdução na Educação Matemática brasileira, fazendo bastante apelo ao visual artístico, sem prejuízo da precisão e rigor matemático. Para alcançar esse objetivo, o autor incluiu capítulos específicos, como os de criação e de exploração de fractais, de manipulação de material concreto, de relacionamento com o triângulo de Pascal, e particularmente um com recursos computacionais com softwares educacionais em uso no Brasil. A inserção de dados e comentários históricos tornam o texto de interessante leitura. Anexo ao livro é fornecido o CD-Nfract, de Francesco Artur Perrotti, para construção dos lindos fractais de Mandelbrot e Julia.

Diálogo e Aprendizagem em Educação Matemática

Autores: Helle Alro e Ole Skovsmose

Neste livro, os educadores matemáticos dinamarqueses Helle Alrø e Ole Skovsmose relacionam a qualidade do diálogo em sala de aula com a aprendizagem. Apoiados em ideias de Paulo Freire, Carl Rogers e da Educação Matemática Crítica, esses autores trazem exemplos da sala de aula para substanciar os modelos que propõem acerca das diferentes formas de comunicação na sala de aula. Este livro é mais um passo em direção à internacionalização desta coleção. Este é o terceiro título da coleção no qual autores de destaque do exterior juntam-se aos autores nacionais para debaterem as diversas tendências em Educação Matemática. Skovsmose participa ativamente da comunidade brasileira, ministrando disciplinas, participando de conferências e interagindo com estudantes e docentes do Programa de Pós-Graduação em Educação Matemática da UNESP, Rio Claro.

Didática da Matemática – Uma análise da influência francesa

Autor: Luiz Carlos Pais

Nesse livro, Luiz Carlos Pais apresenta aos leitores conceitos fundamentais de uma tendência que ficou conhecida como "Didática Francesa". Educadores matemáticos franceses na sua maioria desenvolveram um modo próprio de ver a educação centrada na questão do ensino da Matemática. Vários educadores matemáticos do Brasil adotaram alguma versão dessa tendência ao trabalharem com concepções dos alunos, com formação de professores dentre outros temas. O autor é um dos maiores especialista no País nessa tendência e o leitor verá isso ao se familiarizar com conceitos, como transposição didática, contrato didático, obstáculos epistemológicos e engenharia didática, dentre outros.

Educação a Distância *online*

Autores: Marcelo de Carvalho Borba, Ana Paula dos Santos Malheiros, Rúbia Barcelos Amaral Zulatto

Neste livro os autores apresentam resultados de mais de oito anos de experiência e pesquisas em Educação a Distância *online* (EaDonline), com exemplos de cursos ministrados para professores de Matemática. Além de cursos, outras práticas pedagógicas como comunidades virtuais de aprendizagem e o desenvolvimento de projetos de modelagem realizados a distância são descritos. Ainda que os três autores deste livro sejam da área de Educação Matemática, algumas das discussões nele apresentadas, como formação de professores, o papel docente em EaDonline, além de questões de metodologia de pesquisa qualitativa, podem ser adaptadas a outras áreas do conhecimento. Neste sentido, esta obra se dirige àquele que ainda não está familiarizado com a EaDonline e também àquele que busca refletir de forma mais intensa sobre sua prática nesta modalidade educacional.

Cabe destacar que os três autores têm ministrado aulas em ambientes virtuais de aprendizagem.

Educação Matemática de Jovens e Adultos – especificidades, desafios e contribuições

Autora: Maria da Conceição F. R. Fonseca

Nesse livro, Maria da Conceição F. R. Fonseca apresenta ao leitor uma visão do que é a Educação de Adultos e de que forma essa se entrelaça com a Educação Matemática. A autora traz para o leitor reflexões atuais feitas por ela e por outros educadores que são referência na área de Educação de Jovens e Adultos no País. Este quinto volume da coleção "Tendências em Educação Matemática" certamente irá impulsionar a pesquisa e a reflexão sobre o tema, fundamental para a compreensão da questão do ponto de vista social e político.

Etnomatemática – elo entre as tradições e a modernidade

Autor: Ubiratan D'Ambrosio

Nesse livro, Ubiratan D'Ambrosio apresenta seus mais recentes pensamentos sobre Etnomatemática, uma tendência da qual é um dos fundadores. Ele propicia ao leitor uma análise do papel da Matemática na Cultura Ocidental e da noção de que Matemática é apenas uma forma de Etno-Matemática. O autor discute como a análise desenvolvida é relevante para a sala de aula. Faz ainda um arrazoado de diversos trabalhos na área já desenvolvidos no País e no exterior.

Filosofia da Educação Matemática

Autores: Maria Aparecida Viggiani Bicudo, Antonio Vicente Marafioti Garnica

Nesse livro, Maria Bicudo e Antonio Vicente Garnica apresentam ao leitor suas ideias sobre Filosofia da Educação Matemática. Eles propiciam ao leitor a oportunidade de refletir sobre questões relativas à Filosofia da Matemática, à Filosofia da Educação e mostram as novas perguntas que definem essa tendência em Educação Matemática. Nesse livro, em vez de ver a Educação Matemática sob a ótica da Psicologia ou da própria Matemática, os autores a veem sob a ótica da Filosofia da Educação Matemática.

Formação Matemática do Professor – Licenciatura e prática docente escolar

Autores: Plinio Cavalcante Moreira e Maria Manuela M. S. David

Nesse livro, os autores levantam questões fundamentais para a formação do professor de Matemática. Que Matemática deve o professor de Matemática estudar? A acadêmica ou aquela que é ensinada na escola? A partir de perguntas como essas, os autores questionam essas opções dicotômicas e apontam um terceiro caminho a ser seguido. O livro apresenta diversos exemplos do modo como os conjuntos numéricos são trabalhados na escola e na academia. Finalmente, cabe lembrar que esta publicação inova ao integrar o livro com a internet. No site da editora www.autenticaeditora.com.br, procure por Educação Matemática, pelo título "A formação matemática do professor: licenciatura e prática docente escolar", onde o leitor pode encontrar alguns textos complementares ao livro e apresentar seus comentários, críticas e sugestões, estabelecendo, assim, um diálogo on-line com os autores.

História na Educação Matemática – propostas e desafios

Autores: Antonio Miguel e Maria Ângela Miorim

Neste livro, os autores discutem diversos temas que interessam ao educador matemático. Eles abordam História da Matemática, História da Educação Matemática e como essas duas regiões de inquérito podem se relacionar com a Educação Matemática. O leitor irá notar que eles também apresentam uma visão sobre o que é História e abordam esse difícil tema de uma forma acessível ao leitor interessado no assunto. Este décimo volume da coleção certamente transformará a visão do leitor sobre o uso de História na Educação Matemática.

Informática e Educação Matemática

Autores: Marcelo de Carvalho Borba, Miriam Godoy Penteado

Os autores tratam de maneira inovadora e consciente da presença da informática na sala de aula quando do ensino de matemática. Sem prender-se a clichês que entusiasmadamente apoiam o uso de computadores para o ensino de matemática ou criticamente negam qualquer uso desse tipo, os autores citam exemplos práticos, fundamentados em explicações teóricas objetivas, de como se pode relacionar matemática e informática em sala de aula. Tratam também de questões políticas relacionadas à adoção de computadores e calculadoras gráficas para o ensino de matemática.

Investigações Matemáticas na sala de aula

Autores: João Pedro da Ponte, Joana Brocardo, Hélia Oliveira.

Neste livro, os autores analisam como que práticas de investigação desenvolvidas por matemáticos podem ser trazidas para a sala de aula. Eles mostram resultados de pesquisas ilustrando as vantagens e dificuldades de se trabalhar com tal perspectiva em Educação Matemática. Geração de conjecturas, reflexão e formalização do conhecimento são aspectos discutidos pelos autores ao analisarem os papéis de alunos e professores em sala de aula, quando lidam com problemas em áreas como geometria, estatística e aritmética.

Este livro certamente levará o leitor a outros títulos da coleção, na medida em que lida com temas como, por exemplo, o papel da informática em investigações e temas relacionados à psicologia da Educação Matemática.

Interdisciplinaridade e aprendizagem da Matemática em sala de aula

Autores: Vanessa Sena Tomaz e Maria Manuela M. S. David

Como lidar com a interdisciplinaridade no ensino da Matemática? De que forma o professor pode criar um ambiente favorável que o ajude a perceber o que e como seus alunos aprendem? Essas são algumas das questões elucidadas pelas autoras neste livro, voltado não só para os envolvidos com Educação Matemática como também para os que se interessam por educação em geral. Isso porque um dos benefícios deste trabalho é a compreensão de que a Matemática está sendo chamada a engajar-se na crescente preocupação com a formação integral do aluno como cidadão, o que chama a atenção para a necessidade de tratar o ensino da disciplina levando-se em conta a complexidade do contexto social e a riqueza da visão interdisciplinar na relação entre ensino e aprendizagem, sem deixar de lado os desafios e as dificuldades dessa prática.

Para enriquecer a leitura, as autoras apresentam algumas situações ocorridas em sala de aula que mostram diferentes abordagens interdisciplinares dos conteúdos escolares e oferecem elementos para que os professores e os formadores de professores criem formas cada vez mais produtivas de se ensinar e inserir a compreensão matemática na vida do aluno.

Lógica e linguagem cotidiana – verdade coerência, comunicação, argumentação

Autores: Nílson José Macado e Marisa Ortegoza da Cunha

Neste livro, os autores buscam ligar as experiências vividas em nosso cotidiano a noções fundamentais tanto para a lógica como para a matemática. Através de uma linguagem acessível, o livro possui uma forte base filosófica que sustenta a apresentação sobre lógica e certamente ajudará a coleção a ir além dos muros do que hoje é denominado Educação Matemática. A bibliografia comentada permitirá que o leitor procure outras obras para aprofundar os temas de seu interesse, e um índice remissivo, no final do livro, permitirá que o leitor ache facilmente explicações sobre vocábulos como contradição, dilema, falácia, proposição e sofisma. Embora este livro seja recomendado a estudantes de cursos de graduação e de especialização, em todas as áreas, ele também se destina a um público mais amplo. Visite também o site *www.rc.unesp.br/igce/pgem/gpimem.html*

Pesquisa Qualitativa em Educação Matemática

Organizadores: Marcelo de Carvalho Borba e Jussara de Loiola Araújo

Os autores apresentam, neste livro, algumas das principais tendências no que tem sido denominado Pesquisa Qualitativa em Educação Matemática. Essa visão de pesquisa está baseada na ideia de que há sempre um aspecto subjetivo no conhecimento produzido. Não há, nessa visão, neutralidade no conhecimento que se constrói. Os quatro capítulos explicam quatro linhas de pesquisa em Educação Matemática, na vertente qualitativa, que são representativas do que de importante vem sendo feito no Brasil. São capítulos que revelam a originalidade de seus autores na criação de novas direções de pesquisa.

Psicologia da Educação Matemática

Autor: Jorge Tarcísio da Rocha Falcão

Neste livro, o autor apresenta ao leitor a Psicologia da Educação Matemática embasando sua visão em duas partes. Na primeira, ele discute temas como psicologia do desenvolvimento, psicologia escolar e da aprendizagem, mostrando como um novo domínio emerge dentro dessas áreas mais tradicionais. Em segundo lugar, são apresentados resultados de pesquisa fazendo a conexão com a prática daqueles que militam na sala de aula. O autor defende a especificidade deste novo domínio, na medida em que é relevante considerar o objeto da aprendizagem, e sugere que a leitura deste livro seja complementada por outros dessa coleção, como *Didática da Matemática: sua influência francesa, Informática e Educação Matemática e Filosofia da Educação Matemática.*

Tendências Internacionais em Formação de Professores de Matemática

Autor: Marcelo de Carvalho Borba (Org.)

Neste livro, alguns dos mais importantes pesquisadores em Educação Matemática, que trabalham em países como África do Sul, Estados Unidos, Israel, Dinamarca e diversas Ilhas do Pacífico, nos trazem resultados dos trabalhos desenvolvidos. Estes resultados e os dilemas apresentados por esses autores de renome internacional são complementados pelos comentários que Marcelo Borba faz na apresentação, buscando relacionar as experiências deles com aquelas vividas por nós no Brasil. Borba aproveita também para propor alguns problemas em aberto, que não foram tratados por eles, além de destacar um exemplo de investigação sobre a formação de professores de Matemática que foi desenvolvida no Brasil.

QUALQUER LIVRO DO NOSSO CATÁLOGO NÃO ENCONTRADO NAS
LIVRARIAS PODE SER PEDIDO POR CARTA, FAX, TELEFONE OU PELA INTERNET.

Rua Aimorés, 981, 8º andar – Funcionários
Belo Horizonte-MG – CEP 30140-071

Tel: 55 (31) 3222 6819
Fax: 55 (31) 3224 6087
Televendas (gratuito): 0800 2831322

vendas@autenticaeditora.com.br
www.autenticaeditora.com.br

ESTE LIVRO FOI COMPOSTO COM TIPOGRAFIA PALATINO E IMPRESSO
EM PAPEL OFF SET 75 G NA TCS SOLUÇÕES GRÁFICAS.